1. Auflage
www.esverlag.de

ISBN 978-3-945543-79-5

Illustrationen: Jenny Jordahl
Übersetzung: Nora Pröfrock
Lektorat: Franziska Berninger
Gestaltung: Karin Miller
Druck und Bindung: ForPress, Nitra

Die Übersetzung wurde gefördert durch NORLA.

NORLA
NORWEGIAN LITERATURE ABROAD

Marta Breen

HOW TO BE A FEMINIST

Die Power skandinavischer Frauen und was wir von ihnen lernen können

Aus dem Norwegischen
von Nora Pröfrock

ELISABETH
SANDMANN
VERLAG

»Du hättest dabei sein und Krawall schlagen sollen. Es ist Zeit zu kämpfen! Rein in die Kampfklamotten!«

Mother Jones (1837–1930),
amerikanische Gewerkschaftsführerin

Inhalt

Vorwort von Teresa Bücker

Was eint uns? Was trennt uns? Was packen wir als nächstes an? Diese Fragen stellen sich Feminist*innen überall in der Welt. Ganz besonders wichtig ist es dabei, denen, die das erste Mal mit Feminismus in Kontakt kommen und sich engagieren wollen, eine Orientierungshilfe zu geben, wo ihr Platz in dieser vielfältigen Bewegung sein könnte.

Gerade in Europa wird oft in Zweifel gestellt, ob feministisches Engagement überhaupt noch notwendig sei. Schließlich hat sich schon so viel verändert! Mit dieser Beobachtung liegt auch niemand falsch. Je weiter man in der Geschichte zurückblickt, desto besser erkennt man, welche Rechte Feminist*innen in den letzten 150 Jahren für Frauen erkämpft haben. Es ist wichtig, diese Erfolge immer wieder zu feiern und sich ins Gedächtnis zu rufen, wie viel Frauen bewirken können, wenn sie sich zusammentun und beharrlich sind.

Frauen haben heute mehr Chancen, können unterschiedliche Lebensentwürfe wählen und sind unabhängiger. Die aktuelle Welle des Feminismus steht dennoch vor großen Aufgaben, das zeigen Marta Breens Ausführungen ganz klar. Feminist*innen müssen wachsam zu sein, wo bereits errungene Rechte plötzlich wieder bedroht werden. Für sie geht es heute zum einen darum, Erreichtes zu bewahren, und zum anderen darum, die Überwindung des Patriarchats zu beschleunigen – und zwar global. Breens Appell geht besonders an die europäischen Feminist*innen der Länder, die als Vorreiter der Gleichberechtigung gelten. Im Alltag, in dem viele Frauen kaum noch spüren, dass sie weniger Privilegien genießen als Männer, dürfen gerade diese Frauen das politische Engagement nicht einstellen, nur weil es ihnen eigentlich schon ganz gut geht. Denn solange weder Frauen noch Minderheiten in Politik, Wirtschaft und Gesellschaft gleichberechtigt an Entscheidungen beteiligt sind, wird es für alle Nachteile geben, die nicht mitmischen dürfen. Dafür muss sich jede*r von uns immer wieder ins Gedächtnis rufen, dass die eigene Lebensrealität nur eine von vielen ist und der eigene Wohlstand, die eigene Gleichberechtigung, die eigene Freiheit nicht der Maßstab sind. Feminismus hilft uns dabei, in die unbeleuchteten Ecken unseres Umfeldes und der Welt zu schauen und zu sehen, wo es Menschen weniger gut geht als uns selbst. Und wo wir, obwohl wir Feminist*innen sind, uns an Ungerechtigkeiten beteiligen. Feminismus bedeutet immer, solidarisch mit denjenigen zu sein, die noch kein gleichberechtigtes Leben führen können. Diese Menschen wohnen sowohl in unserer unmittelbaren Nachbarschaft als auch in anderen europäischen Ländern, ja überall auf der Welt.

Für deutschsprachige Leser*innen ist es deswegen so interessant, mit dem Buch von Marta Breen die Perspektive einer Norwegerin kennenzulernen, denn so gut wie in Norwegen geht es Frauen fast nirgendwo. Marta Breens Heimatland belegte im „Global Gender Gap Report 2020" des Weltwirtschaftsforums hinter Island wieder einmal den zweiten Platz. Deutschland liegt auf Platz zehn. Dennoch ist Breen eine Feministin, die um die fortdauernde Bedeutung ihres Engagements weiß. Sie zeigt in ihrem Buch, dass es auch in den nordischen Ländern für Frauen noch viel zu verbessern gibt, und betont gleichzeitig, dass aus den eigenen Privilegien auch die Verantwortung erwächst, Kämpfe von Feminist*innen weltweit zu unterstützen. *How to be a feminist* ist daher viel mehr als eine Einführung in den skandinavischen Feminismus, es zeigt vielmehr, dass der moderne Feminismus keine Ländergrenzen kennt.

Doch wo fängt man nun an? Vor der Haustür, in Polen, in Brasilien? Wenn man erst einmal verstanden hat, wie facettenreich feministisches Engagement sein kann und wie zahlreich die ungelösten Fragen der Gleichberechtigung sind, ist vielleicht die erste Reaktion, sich die Decke über den Kopf zu ziehen und zu denken: »Das schaffen wir nie.« Die Klimakrise, Diskriminierung in der Arbeitswelt, paritätische Elternschaft, klischeefreies Aufwachsen für Kinder, Hate Speech im Internet, Abtreibungsrechte, religiöse Konflikte, sexualisierte Gewalt, Rassismus, Schönheitsnormen – das sind nur einige Themen, zu denen Feminist*innen weltweit Lösungen entwickeln und sich positionieren. Und das auch noch ganz unterschiedlich. Eigentlich gibt es keinen Lebensbereich, in dem es für Feminist*innen nichts zu tun gibt.

Was ich bei der Lektüre besonders mochte: der vielfältige Überblick aktueller feministischer Diskurse hat bei mir zu keinem Zeitpunkt das Gefühl hervorgerufen, diese Aufgabe sei nicht zu meistern. Im Gegenteil. Die Mischung aus Bestandsaufnahmen, politischen Appellen und konkreten Tipps ermutigt dazu, das neue Wissen im Alltag anzuwenden und sich in die Punkte, die einen persönlich mehr interessieren, noch weiter einzuarbeiten.

Marta Breens Buch enthält dabei nicht nur für neue Feminist*innen wertvolles Wissen. Die Autorin hat auf ihren Reisen durch zahlreiche Länder vielfach erfahren, was es bedeutet, in unserer Zeit öffentlich als Feministin aufzutreten – davon kann man auch als ebenso erfahrene Kollegin noch etwas lernen. »Was ist denn im Moment das wichtigste Streitthema des Feminismus?«, diese Frage kennen Aktivist*innen und Autor*innen in Deutschland nur allzu gut, genau wie den Vorwurf, dass es wichtigere feministische Themen gäbe als das, mit dem man sich selbst gerade beschäftigt. Breen erklärt, was man solchen Bemerkungen entgegnen kann. Gleichzeitig nimmt sie den Druck von denjenigen, die noch überlegen, ob sie sich als Feminist*in bezeichnen wollen oder nicht, indem sie ausführt, was diese Zuschreibung heute eigentlich bedeutet: Als Feminist*in darfst du unsicher sein. Du musst nicht auf alles eine Antwort haben. Du darfst andere Meinungen haben als andere Feminist*innen und du darfst mit anderen streiten.

Auch ich habe an einigen Stellen im Buch die Stirn gerunzelt und gedacht: »Das seh' ich aber anders!« Zum Beispiel vertrete ich eine andere Position als Breen beim Thema Sexarbeit: Auch in Deutschland wird immer wieder die Einführung des sogenannten Nordischen Modells diskutiert, doch feministisch ist es eben auch, diejenigen zu Wort kommen zu lassen, die ihren Lebensunterhalt als Prostituierte verdienen. Einige von ihnen befürchten von einem »Sexkaufverbot« in die Illegalität gedrängt zu werden und noch schutzloser Ausbeutung und Gewalt ausgesetzt zu sein. Sexarbeiter*innen fordern, dass der Staat ihre Rechte stärkt und diese Art der Arbeit anerkennt. Denn was Prostitutionsgegner*innen nicht beantworten: Wie sollen diese Frauen nach einem Verbot ihr Geld verdienen? Ist ein Verbot das richtige Mittel, damit Frauen nicht mehr auf ihre Körper oder ihre Sexualität reduziert werden? Darüber sollten Feminist*innen weiter diskutieren.

Auch ich kenne die Frage nach dem wichtigsten Thema, von der Marta Breen erzählt – und habe Dutzende Antworten. Eines liegt mir aber besonders am Herzen: die Reduzierung der Arbeitszeit. »Feminist*innen haben sich wieder und wieder für die Einführung der Dreißigstundenwoche starkgemacht«, erzählt auch Breen. Und tatsächlich liegt hier einer der Schlüssel für mehr Gleichberechtigung und für ein gutes Leben. Denn dass Frauen genauso viel arbeiten und verdienen wie Männer, wird nicht lösen, dass es neben der Erwerbsarbeit noch sehr viel mehr Arbeit gibt: die Hausarbeit, das Kümmern um Kinder, die Pflege alter und kranker Menschen. Wie organisieren wir diese Art der Arbeit, ohne andere auszubeuten und sie *nach unten* durchzureichen? Ebenso wichtig wie Geld ist aber vor allem eine Ressource: Zeit. Familie, Freundschaften und gesellschaftlicher Zusammenhalt beruhen darauf, dass wir miteinander reden und schöne Dinge tun. Daher ist eine der großen feministischen Fragen für mich, wie wir leben wollen und dabei groß zu denken. Wir brauchen einen Feminismus mit Utopien. Welche ist deine?

Teresa Bücker, geboren 1984, arbeitet, schreibt und spricht zu gesellschaftspolitischen Fragen der Gegenwart und Zukunft. Immer aus einer feministischen Perspektive. Immer mit Blick auf Gestaltungsmöglichkeiten und Lust auf Veränderung. Für ihre Arbeit als Chefredakteurin des Frauenportals *Edition F* wurde sie 2017 als »Journalistin des Jahres« ausgezeichnet. Seit 2019 arbeitet sie als freie Autorin und schreibt für das SZ-Magazin die Kolumne »Freie Radikale«.

Einleitung

»Aber würden Sie sich als *Feministin* bezeichnen?«

Die tschechische Journalistin sah mich aufmerksam an. Auf dem Tisch zwischen uns stand ein Aufnahmegerät. Sie klang, als käme ihr die Frage ausgesprochen heikel vor. Wir saßen in einem Prager Café und unterhielten uns über mein Buch *Rebellische Frauen*. Ich war etwas überrascht, lag die Antwort nicht auf der Hand? Die letzte halbe Stunde hatte ich über die Geschichte der Frauenbewegung geredet, über die ewig aktuelle Abtreibungsfrage und darüber, wie wichtig es ist, sich für volle Gleichberechtigung auf der ganzen Welt einzusetzen. *Selbstverständlich* bin ich Feministin!

Da erzählte mir die Journalistin, dass der Feminismus in Tschechien ein umstrittenes Thema sei und keinesfalls etwas, womit man ohne Weiteres in Verbindung gebracht werden wollte. Für viele sei die Frauenbewegung außerdem mit der kommunistischen Vergangenheit des Landes verbunden, weshalb man sich eher davon distanziere, sagte sie.

In Russland, Italien, Serbien, Ungarn und Brasilien habe ich in den letzten Jahren ganz ähnliche Gespräche geführt. Überall begegneten mir Feminist*innen, die sich aus unterschiedlichen Gründen in ihrem Heimatland stigmatisiert fühlen. Antiquierte Vorurteile florieren wie und je. Wir haben es alles schon gehört: Feminist*innen sind wütend/ hässlich/ egoistisch/ hassen Männer.

Auf meinen Reisen ist mir klar geworden, wie sehr sich die Vorstellungen von Geschlechterrollen und Gleichstellung von Land zu Land unterscheiden. Der Weltfrauentag ist ein gutes Beispiel: Als norwegische Feministin bin ich es gewohnt, dass der 8. März als politischer Kampftag betrachtet wird. Die ganze Woche über sind die Zeitungen voll von Artikeln über Geschlechterfragen und Gleichberechtigung. Tausende Frauen gehen auf die Straße, um Aufmerksamkeit auf aktuelle Streitthemen zu lenken und die bereits errungenen Siege zu feiern. Als ich Länder besuchte, die den Frauentag wie eine Mischung aus Muttertag und Valentinstag begehen, taten sich für mich Welten auf. Vielerorts ist der 8. März nichts als ein Anlass, der Herzensdame eine Schachtel Pralinen, ein Sträußchen Blumen oder vielleicht eine rosa Postkarte mit einer kleinen Liebeserklärung zu überreichen. Nach dem Motto: »Danke für deinen Einsatz dieses Jahr.« Ich persönlich würde es als Provokation empfinden, wenn mir ein Mann zum Frauentag kleine Schokoherzen schenken würde.

Warum scheuen sich immer noch so viele davor, das Wort *Feminismus* in den Mund zu nehmen? Meiner Erfahrung nach liegt dem oft ein Missverständnis zugrunde. Es ist nämlich eine weit verbreitete Meinung, beim Feminismus gehe es um einen Kampf zwischen den Geschlechtern, bei dem die eine Seite gewinnt und die andere wohl oder übel verliert. Als wäre Freiheit eine Art Kuchen, den wir uns teilen müssen, so dass mehr für dich automatisch weniger für mich bedeutet. Aber so ist es nicht. In Wirklichkeit profitieren wir alle von mehr Gleichberechtigung in der Gesellschaft.

In dem Buch *Gleichheit ist Glück* (2009) beschreiben die britischen Sozialmediziner*innen Kate Pickett und Richard Wilkinson, wie eng der wirtschaftliche und soziale Gleichheitsgrad innerhalb eines Landes mit dem allgemeinen Wohlstand zusammenhängt. Kurz gesagt: Länder, in denen geringe Einkommensunterschiede und ein hohes Maß an Gleichberechtigung zwischen Frauen und Männern herrschen, schneiden im Großen und Ganzen besser ab, was Gesundheit, Wohlbefinden, Lebenserwartung und wirtschaftliche Situation angeht. Länder, die an traditionellen Rollenmustern festhalten, stehen somit gleich an mehreren Fronten als Verlierer da.

Die nordischen Länder führen Mal um Mal die Listen der weltweit am gleichgestelltesten – und glücklichsten! – Nationen an. Zuletzt belegten Island, Norwegen, Schweden und Finnland die ersten vier Plätze beim »Gleichstellungsbarometer« des Weltwirtschaftsforums für 2019. Zur Begründung solcher Auszeichnungen werden vor allem die hohe Teilnahme der Frauen am Arbeitsleben und die guten gesetzlich geregelten Rahmenbedingungen für Schwangerschaft und Elternzeit hervorgehoben. In Norwegen gibt es ein Gleichstellungsgesetz, eine Gleichstellungsministerin und eine eigens dem Feminismus gewidmete Partei. Zudem befinden sich skandinavische Feminist*innen gerade spürbar im Aufwind: Es vergeht keine Woche, ohne dass Podiumsdiskussionen, Vorträge, Stand-up-Comedy-Shows und Festivals unter feministischen Vorzeichen stattfinden. Hinzu kommt ein nahezu endloser Strom von Artikeln, Büchern, Comics und Blogbeiträgen zu den Themen Geschlecht und Gleichberechtigung.

All das heißt natürlich nicht, dass skandinavische Frauen *bessere* Feministinnen wären als andere. Oder dass bei uns sämtliche Gleichstellungsprobleme gelöst wären. So ist es keineswegs. Und es ist auch nicht so, als müsste unser Verständnis von Gleichstellung auf Biegen und Brechen allen anderen aufgedrückt werden. Wir haben nur einfach seit mehreren Jahrzehnten das Glück, dass die Entscheider*innen unseres Landes in vielen wichtigen Angelegenheiten auf unserer Seite sind, so dass Frauen in Skandinavien heutzutage freier leben als in vielen anderen Ländern. Und als privilegierte Bürger*innen eines der reichsten und gleichgestelltesten Länder der Welt haben wir meiner Meinung nach die besondere Verantwortung, unsere Erfahrungen im Kampf um mehr Gleichstellung weiterzugeben und zugleich all diejenigen zu unterstützen, die mit Gegenwind zu kämpfen haben.

Es steht nämlich einiges auf dem Spiel. In einer Reihe von Ländern, beispielsweise in Ungarn, Polen, der Türkei, den USA und Brasilien, sind in den letzten Jahren autoritäre Staatschefs an die Macht gekommen. Diese Kräfte bedrohen die Meinungsfreiheit, die Rechte Homosexueller und das Recht von Frauen, über ihren eigenen Körper zu bestimmen. Die Folgen sind unter anderem ein schlechterer Zugang zu Verhütungsmitteln und erschwerte Rahmenbedingungen für Schwangerschaftsabbrüche. Es scheint, als würden diese Patriarchen am liebsten zurück in eine Zeit, als »Frauen noch Frauen und Männer noch Männer waren«. Also in eine Zeit, als Frauen zu Hause blieben und von ihren Ehemännern abhängig waren und noch nie jemand etwas von LGBT gehört hatte.

Diese gefährliche Entwicklung wird nun immer mehr Menschen bewusst. Alte Siege sind nicht in Stein gemeißelt, und einst erkämpfte Rechte können uns wieder genommen werden. Das treibt auf der ganzen Welt Menschen auf die Straße. Zum Beispiel nahmen Millionen von Frauen an Protestmärschen gegen Donald Trumps Frauenbild teil und in Ländern wie Spanien, Chile und Argentinien fanden Frauenstreiks von rekordverdächtigem Ausmaß statt. Es ist ein allgemeines Erwachen im Gang. Zeit, sich die Ärmel hochzukrempeln und mitzumachen.

Patriarchat bedeutet wörtlich »Väterherrschaft« und beschreibt die einst vorherrschende kulturelle Erwartung, dass dem Vater die primäre Verantwortung für das Wohlergehen der Familie zukommt. Die meisten frühen Zivilisationen waren Patriarchate. In unserer Zeit wird das Wort häufiger für Kulturen und soziale Formen verwendet, die stark von Männern dominiert, autoritär und gegen Frauen gerichtet sind.

LGBT ist eine Gruppenbezeichnung für lesbische, schwule, bisexuelle und transsexuelle Menschen. Oft werden auch intersexuelle und queere Menschen dazugezählt, dann lautet die Abkürzung **LGBTQI**.

1. Nennt euch Feminist*innen

»Stellt euch nur mal vor, in den Sechzigern wäre es unter Schwarzen hip gewesen, sich nicht für Bürgerrechte zu interessieren: Also, von Bürgerrechten halte ich ja gar nichts! Dieser Martin Luther King hat eine viel zu große Klappe. Er sollte ehrlich gesagt mal ein bisschen den Ball flach halten.«

Caitlin Moran (*1975),
britische Autorin, über die Angst, als
Feminist*in bezeichnet zu werden

»Könnt ihr es nicht einfach *Humanismus* nennen? Oder *Gleichstellung*?«

Ich weiß nicht, wie oft mir solche Fragen schon gestellt wurden.

»Oder wie wäre es mit *Equivalismus*?«, schlagen manche vor.

»Nennt es *Neutralismus*!«, verlangte ein Leser meines Blogs.

Jedes andere Wort darf es sein, nur nicht Feminismus, scheint die Botschaft zu lauten.

Zum Teil kommt das als »wohlgemeinter Rat« daher, von Leuten, die der Auffassung sind, die Frauenbewegung habe ja in vielem recht, aber mit der Bezeichnung Feminismus würden wir uns nur das Leben schwer machen. Und selbst noch so überzeugte Feminist*innen haben manchmal ganz ähnliche Gedanken. Wieso an diesem Wort festhalten, ist es das eigentlich wert? Ohne die Sisyphusarbeit, das F-Wort vom Verdacht des Männerhasses reinwaschen zu wollen, wäre das Leben um einiges leichter, keine Frage. Sollten wir da nicht einfach ein neues Wort einführen?

Die Antwort lautet: Nein.

Die Tatsache, dass viele Vorurteile gegen den Feminismus hegen und sich gar nicht erst die Mühe machen, sich mit seinen Inhalten zu befassen, sollte streng genommen nicht das Problem der Feminist*innen sein. Solchen Leuten würde man liebsten ans Herz legen, erst mal ein bisschen zu googlen, bevor sie sich in die Diskussion stürzen.

Alternativ können wir versuchen, ihnen zu erklären, dass an den Begriffen »Humanismus« und »Gleichstellung« an sich gar nichts verkehrt ist, Feminismus aber mehr beinhaltet: nämlich die Anerkennung *systematischer geschlechtsspezifischer Unterschiede* in Hinblick auf Macht, Kapital und Möglichkeiten. Als Feminist*in wünscht man sich, dass sich jeder Mensch unabhängig vom Geschlecht frei entfalten kann. Und Frauen sind zweifellos die größte Menschengruppe, die im Laufe der Geschichte fortwährend unterdrückt und diskriminiert wurde - daher das Wort.

Kurz gesagt bezeichnet Feminismus den Kampf gegen Geschlechterdiskriminierung. Feminist*innen wollen nicht, dass Menschen aufgrund ihres Geschlechts weniger Freiheiten oder Möglichkeiten im Leben haben. Ganz einfach.

Die unzähligen Missverständnisse zu den Inhalten des Feminismus rühren nicht etwa daher, dass Feminist*innen ihre Anliegen so schlecht erklären können. Die Gegner*innen der Frauenbewegung waren mit ihrer jahrhundertelangen Propaganda schlicht erfolgreicher.

Im Laufe der Geschichte wurden Anhänger*innen der Frauenbewegung auf der ganzen Welt verspottet und misshandelt. Im Mittelalter landeten Frauen, die die Autoritäten herausforderten, oftmals auf dem Scheiterhaufen. Im achtzehnten Jahrhundert wurden prominente Feministinnen wie die Französin Olympe de Gouges durch die Guillotine hingerichtet. Die Suffragetten des zwanzigsten Jahrhunderts warf man ins Gefängnis, und heutzutage sitzen Frauen in Ländern wie Iran oder Saudi-Arabien hinter Gittern, weil sie ihr Kopftuch abgenommen oder auf andere Weise für Frauenrechte gekämpft haben.

Feminist*innen wurden in Zeitungen karikiert, sie wurden als humorlos, wütend und unattraktiv, als frigide und schlechte Mütter bezeichnet. Bedauerlicherweise haben zahlreiche dieser Mythen bis zum heutigen Tag Bestand. Wer sich im Internet an aktuellen Debatten zur Gleichberechtigung beteiligt, wird viele der oben erwähnten Charakterisierungen wiederfinden. Man braucht sich nur die Kommentarfelder eines x-beliebigen Artikels über den Feminismus anzusehen. Dort zeigt sich mit aller Deutlichkeit, dass der Kampf alles andere als vorbei ist.

Feminist*innen kämpfen gegen Sexismus, genau wie Antirassist*innen gegen Rassismus kämpfen. Sie sind Teil einer Widerstandsbewegung. Die Aussage, dass jemand gegen den Feminismus sei, klingt in meinen Ohren genauso seltsam wie die Behauptung, man sei *gegen* den Antirassismus. Man muss natürlich nicht jeder feministischen Aussage zustimmen, ja, man kann sogar völlig andere politische Ansichten vertreten, aber das heißt noch nicht, dass man *gegen* den Feminismus als solchen ist.

Historisch betrachtet zielt der Feminismus auf *Modernisierung* ab. Die Frauenbewegung war stets für die Modifizierung alter und die Entwicklung neuer Normen, Traditionen und Denkweisen, wie sie modernen Zeiten und modernen Menschen entsprechen. Wenn Traditionen gebrochen werden, rührt sich immer auch Widerstand, doch auf lange Sicht kann der sich meist nicht halten. Die Welt bewegt sich weiter vorwärts, langsam, aber sicher.

»Keine Sünde wird von der Natur härter bestraft als der Widerstand gegen Veränderung.«

Anne Morrow Lindbergh (1906–2001), amerikanische Autorin und Pilotin

Das Wort **Feminismus** kommt vom Lateinischen »femina«, was Frau bedeutet. Der Feminismus umfasst mehrere ideologische Richtungen, deren gemeinsames Ziel es ist, die ungleiche Machtverteilung zwischen den Geschlechtern aufzuheben. Feminist*innen setzen sich dafür ein, dass Frauen und Männer dieselben Rechte, Möglichkeiten und Pflichten haben.

2. Seid radikal

»Es ist durchaus möglich, die Welt zu verändern. Wir haben es bereits getan, und wir werden es wieder tun.«

Gerd Brantenberg (*1941),
norwegische Schriftstellerin

Aufgrund der vielen Vorurteile gegen den Feminismus versuchen Feminist*innen oft, ihre Botschaften zu entschärfen. Damit Skeptiker*innen sie leichter schlucken, sagen wir uns und anderen oft Dinge wie »Feminismus macht Spaß«, »Alle sollten Feminist*innen sein«, »Wir sind gar nicht wütend« und so weiter. Dabei wissen wir tief im Inneren, dass das Quatsch ist. Der Feminismus ist keine ungefährliche Gesellschaftsströmung, sondern eine Ansammlung ziemlich radikaler Ideen.

Die schwedische Autorin und Wirtschaftswissenschaftlerin Nina Åkestam hält es für keine gute Strategie, möglichst viele Menschen dazu ermuntern zu wollen, sich zum Feminismus zu bekennen. In ihrem Buch *Feministfällan* (2018, *Die Feministenfalle*) schreibt sie, es sei sinnlos, einen konservativen Menschen dazu bewegen zu wollen, sich als Feminist*in zu bezeichnen. Der Feminismus sei nämlich keine Identität, mit der man sich nach Belieben schmücken kann, sondern eine aktive Bewegung, die auf tiefgreifende gesellschaftliche Veränderungen abzielt.

»Vor lauter Eifer, möglichst viele Menschen für den Feminismus zu gewinnen, vergessen manche von uns, wie radikal Gleichstellung eigentlich ist. Hundertprozentige Gleichstellung würde alles verändern, von unseren kleinsten alltäglichen Handlungen bis hin zur Weltpolitik, und zwar auf völlig unvorhersehbare Weise. Eine moderne gleichgestellte Gesellschaft gibt es nicht und hat es noch nie gegeben. Der Feminismus ist also eine Bewegung mit gänzlich unbekanntem Ausgang«, schreibt Åkestam.

Es ist kein Wunder, dass diejenigen, denen die gegenwärtige Weltlage Vorteile einbringt, kein Interesse an einer Umwälzung des Systems haben. In der Regel haben die wenigsten einen Sinn für radikale Lösungen und ziehen es vor, dass die Dinge sich langsam bewegen. Wenn überhaupt.

Und wer sich tatsächlich einen Gesellschaftswandel wünscht, fühlt sich oft machtlos. Die uns umgebenden Strukturen wirken so starr, dass alle Bemühungen zwecklos erscheinen, und der Anspruch, die bestehende Ordnung verändern zu wollen, wird häufig als naiv betrachtet, vor allem, wenn es um die weltweite wirtschaftliche Ungerechtigkeit und den Kapitalismus geht. Hier sind die meisten von uns in dem Glauben gefangen, Veränderungen seien schlicht und ergreifend nicht möglich. Wie die schwedische Autorin und Professorin Nina Björk sagt: »Wir reden mit derselben Machtlosigkeit über die Wirtschaft wie der Bauer über den Regen.«

Gleichzeitig hat die Geschichte uns jedoch wieder und wieder gezeigt, dass Kursänderungen durchaus möglich sind. Ein etabliertes System lässt sich sehr wohl auf den Kopf stellen. Und das geschieht zum Teil sogar recht schnell. In dieser Hinsicht kann der Feminismus als die erfolgreichste Revolution aller Zeiten bezeichnet werden.

Nur wenige Bewegungen haben in so kurzer Zeit so große gesellschaftliche Umbrüche bewirkt. Vor knapp hundert Jahren hatten Frauen noch kein Recht auf Ausbildung und Arbeit, sie konnten sich weder scheiden lassen noch an politischen Wahlen teilnehmen. All das war ausschließlich Männern vorbehalten.

Dank der Frauen, die Ende des neunzehnten Jahrhunderts die erste Welle des Feminismus lostraten, wurden diese grundlegenden Rechte in vielen Ländern durchgesetzt. Zur zweiten großen Welle des Feminismus kam es in den Sechziger- und Siebzigerjahren. Die Feminist*innen dieser Zeit waren in einer Gesellschaft groß geworden, in der die Mehrheit der Frauen Mütter und Hausfrauen waren. Es gab so gut wie keine Kindergärten. Auch Frauenhäuser existierten nicht, denn über Frauenmisshandlung oder sexuelle Übergriffe in der Ehe sprach damals noch niemand. Abtreibungen waren verboten. Homosexualität ebenfalls. Und in der Politik waren Frauen so gut wie nicht vertreten. All das setzte die Frauenbewegung auf ihre Agenda. In den skandinavischen Ländern erkämpften die Feminist*innen sowohl ein Abtreibungsgesetz als auch die Einrichtung von Kindergärten und Frauenhäusern. Ihr Einsatz verschaffte der nächsten Generation deutlich mehr Freiheiten, als sie selbst jemals hatten.

Solche fantastischen Ergebnisse lassen sich nicht durch Systemtreue und Bescheidenheit erzielen. Bei der Frauenbewegung geht es in großem Maße um ein Vordringen in bislang männerdominierte Räume – sei es im Berufsleben, in der Politik, in Sport, Religion oder Kunst. Die Frauen, die hier vorangehen und verriegelte Türen eintreten, bringen oft große persönliche Opfer. Wer uneingeladen zum Fest erscheint, macht sich nicht gerade beliebt. Die Schriftstellerin Virginia Woolf stellte bereits 1929 fest: »Die Geschichte des männlichen Widerstandes gegen die

Befreiung der Frau ist vielleicht interessanter als die Geschichte der Frauenbefreiung selbst.«

Wir dürfen nicht vergessen, dass diejenigen, die Frauen daran hindern wollten, eine Ausbildung zu absolvieren und eigenes Geld zu verdienen, *Konservative* waren. Sie waren auch gegen das Wahlrecht von Frauen, gegen Frauen im Priesteramt, gegen Sex vor der Ehe und gegen die Rechte Homosexueller. Um nicht auch als solche Neinsager in die Geschichte einzugehen, müssen wir radikal, offen und neugierig sein. Und immer darauf hören, was die Jüngeren zu sagen haben.

Wellen des Feminismus: Die Geschichte des Feminismus wird traditionell in Wellen beschrieben. Die erste Welle bildeten die Wahlrechtsaktivistinnen um den vorletzten Jahrhundertwechsel, während die Frauenbewegung der Siebzigerjahre gemeinhin als zweite Welle gilt. Es herrscht Uneinigkeit, inwiefern der Einzug des Feminismus in die akademische Welt, der sich im Laufe der Neunzigerjahre vollzog, als dritte Welle gelten kann, denn dieser hatte weder gemeinsame Anliegen noch nennenswerten Einfluss. Nichtsdestotrotz wird die Bezeichnung oft verwendet. Somit können wir sagen, dass wir uns gerade mitten in der vierten Welle des Feminismus befinden.

3. Macht mit bei der sexuellen Revolution 2.0

»Dieses Mal werden die Frauen ihre Waffen nicht niederlegen, da bin ich mir ganz sicher. Ich habe das Gefühl, das ist der endgültige Todesstoß für das Patriarchat.«

Vibeke Løkkeberg (*1945),
norwegische Regisseurin

Die #MeToo-Bewegung kann als vorläufiger Höhepunkt der aktuellen feministischen Welle bezeichnet werden. Der Hashtag ist bereits seit 2006 im Umlauf, als die Aktivistin Tarana Burke auf Twitter andere Frauen zum Teilen eigener Geschichten von sexueller Belästigung aufforderte. Echte Aufmerksamkeit erhielt die Kampagne jedoch erst im Herbst 2017, als zahlreiche Frauen begannen, ihre Erfahrungen mit Sexismus und Übergriffen in Hollywood bekannt zu machen. In kürzester Zeit entwickelte sich daraus eine weltumspannende Graswurzelbewegung, die immer noch weiter wächst. Nachdem ein Teil der Geschichten von den Medien aufgegriffen worden war, verloren mehrere

Männer in der Politik und im Medien- und Unterhaltungsbereich ihre Posten.

Nachhaltige Veränderungen des öffentlichen Bewusstseins brauchen normalerweise Zeit, doch dieses Mal ging es schnell. Nur ein Jahr nachdem die erste Twitter-Nachricht rausgeschickt worden war, zeigte eine Untersuchung der norwegischen Zeitung *Aftenposten*, dass sich in der norwegischen Gesellschaft und Arbeitswelt ganz grundlegend etwas getan hatte. Vier von fünf Norweger*innen waren der Meinung, #MeToo beleuchte ein reales gesellschaftliches Problem, und fast zwei von drei Befragten fanden, dass die Kampagne zu einer Reduzierung der Belästigungsfälle beigetragen habe. Eine Vielzahl von Arbeitgeber*innen, Schulen, Institutionen und Organisationen machten sich unmittelbar daran, Handlungspläne gegen sexuelle Belästigung zu erstellen, und es wurden Regeln formuliert, wie künftig mit solchen Situationen umgegangen werden soll.

Zu den vielen konkreten Beispielen, die in den norwegischen Medien Erwähnung fanden, gehörte eine Toyota-Werkstatt bei Oslo. Nachdem dort Fälle sexueller Belästigung unter den Lehrlingen bekannt geworden waren, ergriff die Geschäftsführung Maßnahmen. Sämtliche Poster mit leichtbekleideten Frauen sollten entfernt werden, es wurde ein eigenes Netzwerk für die weiblichen Angestellten eingerichtet sowie ein Informationsprogramm für alle Mitarbeiter*innen erstellt, in dem die geltenden Normen und Verhaltensregeln am Arbeitsplatz thematisiert wurden. Auch in Schweden zeigten Untersuchungen, dass die #MeToo-Kampagne große Bedeutung hatte, wohingegen der Einfluss in Dänemark geringer war.

Natürlich haben Frauen auch schon vor #MeToo öffentlich über das Thema gesprochen. In Norwegen erinnert man sich zum Beispiel an das Schlagwort »Ta natta tillbake« (»Holt euch die Nacht zurück«) aus den Achtzigerjahren oder an das britische »Everyday Sexism Project«. Seit Jahrzehnten erzählen Frauen von Missbrauch, Grapschereien und dem Gefühl, zum Sexobjekt reduziert zu werden, aber bisher mussten viele die Erfahrung machen, dass man ihnen nicht glaubte oder ihre Erlebnisse als Bagatellen abgetan wurden. Wer sich beschwerte, riskierte Freundschaften und womöglich sogar den Arbeitsplatz. Doch dann kam #MeToo, und bei der Menge an Geschichten, die ans Tageslicht kamen, konnte die Welt nicht einfach weghören. Die Botschaft lautete kurz gesagt, dass sehr viele Frauen – weit mehr, als wir geahnt hatten – im Laufe ihres Lebens Opfer von Übergriffen oder unterschiedlichen Ausprägungen unerwünschter sexueller Aufmerksamkeit geworden waren. Die breite Wirkung der Bewegung in so vielen Ländern erspart es uns heute vielleicht, dass wir uns allein fühlen und fragen müssen, ob sexuelle Belästigung etwas ist, mit dem wir uns »einfach abzufinden haben«.

Früher konnten viele Männer ihr schlechtes, oft grenzenüberschreitendes Benehmen noch mit Aussagen wie »Das war doch nicht ernst gemeint! Verstehst du etwa keinen Spaß?« oder »Fass es einfach als Kompliment auf!« entschuldigen. Aber darauf geben Frauen auf der ganzen Welt jetzt eine deutliche Antwort: In beruflichen Zusammenhängen sind sexuelle Witze und Kommentare weder lustig noch charmant. Und wenn uns fremde Männer auf der Straße hinterherrufen, -hupen, -pfeifen oder -schnalzen (sogenanntes Catcalling), wird das *nicht* als Kompliment aufgefasst, sondern als mögliche Bedrohung.

Kritische Stimmen behaupten, das größte Problem von #MeToo sei die Tatsache, dass nicht genug zwischen kleinen und großen Übergriffen, zwischen »Bagatellen« und traumatisierenden Erfahrungen differenziert werde. Die Autorin und Wissenschaftlerin Anne Bitsch hingegen sieht das nicht als Schwäche. Im Gegenteil, ihr zufolge hat #MeToo zu einem erhöhten gesellschaftlichen Bewusstsein für die *Summe* an Kränkungen und Bedrohungen beigetragen, die das Leben einer Frau prägen. Die Gesamtheit unserer Erfahrungen nämlich entscheidet darüber, wie frei wir uns fühlen können und wie unangestrengt unser Verhältnis zu anderen Menschen sein kann.

Anne Bitsch hat zu sexuellen Übergriffen und deren Behandlung durch das Rechtssystem geforscht. In ihrem Buch *Brev til en ufødt datter* (2018, *Brief an eine ungeborene Tochter*) schreibt sie, dass das Verhalten und die Kleidung weiblicher Missbrauchsopfer sowohl bei den polizeilichen Ermittlungen als auch im Gerichtssaal immer noch eine große Rolle spielen. Frauen, die von einem Fremden im öffentlichen Raum vergewaltigt werden, gelten als würdige Opfer, während Frauen, die auf einer privaten Party oder von einem Bekannten vergewaltigt werden in weitaus höherem Maße eine Mitschuld zugesprochen bekommen. »Eine sexuell emanzipierte Frau, die sich größeren Gefahren aussetzt, als den meisten Leuten recht ist, kann nicht ohne Weiteres auf das Mitgefühl der Gesellschaft oder Unterstützung durch den Rechtsstaat bauen«, schreibt Bitsch.

Sobald in den Medien gehäuft von Missbrauchsfällen berichtet wird, glauben viele, uns Frauen Tipps geben zu müssen, wie wir uns vor ähnlichen Übergriffen schützen können, darunter Zeitungskommentator*innen, Anwält*innen oder Polizeimitarbeiter*innen. Auch wenn die Ratschläge natürlich gut gemeint sind, bringen sie uns selten neue Einsichten. Kaum ein heranwachsendes Mädchen kommt nämlich um Verhaltensregeln wie »Sei bloß vorsichtig«, »Geh nicht allein auf Partys«, »Geht immer zu zweit«, »Trink nicht zu viel«, »Nimm ein Taxi nach Hause«, »Trag einen Kapuzenpulli« herum.

Feminist*innen verlangen von der Gesellschaft oft entsprechende Ratschläge für Jungen und Männer. Auch *sie* sollen gesagt bekommen, wie sie sich beim Ausgehen oder auf Partys verhalten sollen. Was *sie* tun können, um sexuelle Übergriffe oder Belästigungen zu vermeiden. Und nicht zuletzt, wie sie reagieren sollen, wenn jemand in ihrem Freundeskreis Grenzen überschreitet, herablassend über Frauen spricht oder damit angibt, bei einem betrunkenen Mädchen »den Ball eingelocht« zu haben. Leider werden viele Jungen in einer konkurrenzorientierten Sexualkultur groß, in der Mädchen lediglich als zu erlegende Beute betrachtet werden. In solchen Kreisen besteht eine erhöhte Gefahr, dass es zu Übergriffen kommt. Ein Einwirken auf den Umgangston unter Männern und Jungen kann als Vorbeugungsmaßnahme somit ebenso wichtig sein wie der Aufruf zur Vorsicht an Mädchen.

An diesen Fragen entzünden sich oft hitzige Diskussionen. Einerseits kann man der Ansicht sein, dass es ein ganz natürlicher Bestandteil von Erziehung ist, junge Frauen zu vernünftigem Handeln anzuhalten. Andererseits jedoch können all diese Ratschläge auch als indirektes Signal an die Opfer sexueller Gewalt verstanden werden, dass sie selbst dafür verantwortlich gewesen wären, den Vorfall zu vermeiden. Und damit trägt die Gesellschaft zur Aufrechterhaltung der Scham und der Schuldgefühle bei, die Frauen in solchen Situationen ohnehin seit jeher empfunden haben. Denn hier geht es nicht allein um das elterliche Mahnen zur Vernunft, sondern um eine gesamtgesellschaftliche Haltung Frauen und dem Handlungsspielraum von Männern gegenüber. Und darum, wie viel Freiheit jede Einzelne von uns für die eigene Sicherheit eigentlich aufgeben möchte. Diese schwierige Entscheidung müssen wir Frauen nach wie vor treffen.

»Soziale und politische Veränderungen vollziehen sich nicht linear. Zum Teil muss man jahrelang für jeden noch so kleinen Fortschritt arbeiten. Aber manchmal können auch innerhalb eines einzigen Augenblicks ganze Berge versetzt werden.«

Nadja Tolokonnikowa (*1989),
russische Aktivistin von Pussy Riot

Auf den ersten Blick ging es bei der #MeToo-Bewegung um Übergriffe und sexuelle Belästigung. Aber schon bald wurde uns klar, dass da noch mehr war. Viele Frauen nutzten die Gelegenheit nämlich, um mit dem *männlichen Blick* abzurechnen.

Was bedeutet das?

Der Ausdruck »männlicher Blick« oder »male gaze« wurde 1975 von der britischen Filmtheoretikerin Laura Mulvey eingeführt und beschrieb zunächst nur, wie Frauen im Film dargestellt werden. Die Frauenrolle zielt oft darauf ab, als Blickfang, als schmückendes Beiwerk und passives Objekt zur Befriedigung des Mannes zu dienen. Heute wird der Begriff in einem breiteren Sinne verwendet und beschreibt vergleichbare Tendenzen in den verschiedensten Bereichen, von Büchern über Fernsehserien und Computerspiele bis hin zu Mode, Medien und Öffentlichkeit. Seit ein paar Jahren wird nicht mehr widerstandslos hingenommen, dass die männliche Perspektive nach wie vor die größte Definitionsmacht in der Welt hat. Was Männer zu erzählen haben, gilt immer noch als größer, wichtiger und allgemeingültiger. Männer erhalten mehr Raum, mehr Luft und mehr Bewegungsfreiheit als Frauen. Und genau das ist der Knackpunkt sehr vieler Gespräche über Gleichberechtigung, ob es nun um #MeToo, den Women's March, den Nikab, *Manspreading*, *Mansplaining* oder *Free the Nipple* geht: Wie viel Handlungsfreiraum und Freiheit haben Frauen – und wie viel haben Männer?

Warum muss nur der Frauenkörper nach strengen Regeln verhüllt und verborgen beziehungsweise an jeder Straßenecke enthüllt und vorgezeigt werden, je nachdem in welchem Teil der Welt wir uns befinden? Die Antwort lautet ganz einfach: Der männliche Blick stellt immer noch die gesellschaftliche Norm dar.

Das Muster findet sich auch in den sozialen Medien: Warum gelten männliche Achselhaare als harmlos, während weibliche Achselhaare abstoßend sind? Präsentiert eine Frau im Internet ihren natürlichen Haarwuchs, so kann sie sich unter Umständen sogar Morddrohungen einhandeln. Männliche Brustwarzen gelten als neutral, weibliche hingegen als sexuell aufgeladen, sie werden in den sozialen Medien zensiert. Ein männlicher Musiker kann ein ganzes Konzert lang mit freiem Oberkörper über die Bühne hüpfen, während in der Weltpresse sofort von einem »Skandal« die Rede ist, wenn eine Frau auch nur eine halbe Brustwarze öffentlich entblößt.

Alle großen gesellschaftlichen Umwälzungen erfahren Widerstand, und das gilt natürlich auch für #MeToo und die feministische Welle, in der wir uns gerade befinden. Manche Gegner gehen in die Defensive, greifen die ganze Bewegung an oder verharmlosen die Geschichten, die ans Tageslicht gekommen sind. Andere äußern im Zuge dieses Wandels Sorge um die Rolle des Mannes. Denn wie soll der arme Mann denn von nun an Frauen überhaupt begegnen? Ist ein kleiner Flirt am späten Abend etwa nicht mehr erlaubt? Tja.

Da möchte Frau am liebsten antworten: »Willkommen in unserer Welt!« Denn wir haben uns immer schon selbst hinterfragt – wir haben gar keine andere Wahl. Mädchen müssen früh die Kunst des Ausbalancierens lernen: nicht zu viel, nicht zu wenig. Das herrschende Frauenideal diktiert uns, nicht zu viel Raum einzunehmen, weder sozial noch körperlich. Am besten sind wir klein und niedlich, halten die Beine zusammen und üben uns brav in Zurückhaltung. Bloß nicht zu laut lachen und niemanden überrennen. Nicht zu viel trinken, nicht zu sehr von sich eingenommen sein. Keine tiefen Ausschnitte, keine Geräusche auf dem Klo. Und bloß nicht das letzte Stück Kuchen essen. Wir Frauen beobachten und hinterfragen uns selbst, weil wir wissen, dass man uns nach einem eigenen Standard für Frauen misst, wiegt und bewertet. Aber anstatt den Feminismus und #MeToo als Hindernisse für Liebe und Flirterei zu betrachten, sollten wir genau andersherum denken: Mehr Gleichstellung wird uns in Zukunft neue Wege eröffnen, unserer Lust und Liebe Ausdruck zu verleihen.

Bisher folgte das offizielle Rezept für Romantik einem relativ starren Schema. Der Mann soll der Aktive sein, die Frau die Passive. Er soll den ersten Schritt machen und die Dame zum Tanz auffordern. Er soll Rosen kaufen und seine Auserwählte zum Date einladen. Er soll ihr Komplimente machen und die sexuelle Initiative ergreifen. Und schließlich soll er vor ihr auf die Knie gehen und die Erlaubnis erhalten: »You may now kiss the bride.«

Sie wiederum, die Frau, nimmt alles nur an. Oder wischt auf dem Bildschirm nach links.

In einer postpatriarchalen Zukunft sind diese Rollen nicht von vornherein festgelegt: Die Initiative kann genauso gut von der einen wie von der anderen Seite ergriffen werden. Männer werden sich zunehmend trauen, Schwäche zu zeigen, während Frauen auch die Rolle der Beschützerin einnehmen können. Oder die der Verführerin. So kann das Spiel zwischen Frauen und Männern für uns alle spannender werden. Wir haben die einzigartige Möglichkeit, neue Kulturen für unsere Töchter und Söhne zu etablieren.

»Wer sich als Feministin bezeichnet, muss auch den Mumm haben, den ersten Schritt zu machen!«

Maja Lunde (*1975),
norwegische Autorin

Catcalling ist die englische Bezeichnung für die Pfeif-, Schnalz- oder Zischgeräusche wie zum Anlocken einer Katze, die Frauen auf offener Straße hinterhergeschickt werden. Zum Teil gefolgt von sexuellen Aufforderungen oder »Komplimenten« zum Körper oder Aussehen.

· **Free the Nipple** ist eine Kampagne, die mit der Idee aufräumt, dass die Wirkung des männlichen Oberkörpers neutral und die des weiblichen sexuell sei. Die Aktivistinnen demonstrieren dazu gern oben ohne, veröffentlichen Fotos von sich mit nacktem Oberkörper oder stillen in der Öffentlichkeit. Ihre Botschaft lautet nicht, dass Frauen überall oben ohne herumlaufen sollten, vielmehr geht es ihnen darum, auf die Doppelmoral aufmerksam zu machen, die in diesem Bereich herrscht. Lina Esco, die Regisseurin des Films »Free the Nipple« (2014), gilt als Initiatorin der Bewegung.

Dänemark – ein skandinavischer Nachzügler? Im November 2019 kamen auf einer Konferenz im Kopenhagener Schæffergården nordische Feminist*innen zusammen und diskutierten als eines der Hauptthemen, inwiefern Dänemark in Gleichstellungsfragen hinter den anderen skandinavischen Ländern zurückgeblieben sei. Unter anderem wurden hier Untersuchungen vorgelegt, die zeigten, dass #Metoo in Dänemark einen weitaus geringeren Effekt auf das gesellschaftliche Leben gehabt hatte als in Norwegen und Schweden. Auch sind Vorurteile gegen den Feminismus in Dänemark verbreiteter.

4. Lasst den Mann frei

»Wir sind nicht Feministinnen, weil wir Männer hassen, sondern weil wir Männer respektieren und lieben, und wir begreifen nicht, warum sie uns nicht ebenfalls stets mit Respekt begegnen.«

Germaine Greer (*1939),
australische Autorin

Die traditionelle Vorstellung von Romantik sieht vor, dass Frau und Mann einander *ergänzen*. Der eine Part bietet Schutz, der andere wird beschützt. Der eine geht auf die Jagd, während der andere die Beute zubereitet. Der eine verdient Geld, der andere kümmert sich ums Heim. Der eine ist stark, der andere schwach, der eine weich und der andere hart. Und dann verschmelzen wir wie Yin und Yang in perfekter Harmonie. Diese Art und Weise, über Frauen und Männer zu reden, ist in der skandinavischen Öffentlichkeit inzwischen nicht mehr an der Tagesordnung. Doch die Idee der Geschlechter als *diametrale Gegensätze* ist nach wie vor tief in unserer Kultur verankert, was zur Folge hat, dass wir immer wieder in Stereotypen gezwängt werden, mit denen wir nichts anfangen können.

Der traditionellen Vorstellung von Maskulinität gerecht zu werden, kann für Männer genauso anstrengend sein wie das Ausfüllen der klassischen femininen Rolle für Frauen. Der Erfolg eines Mannes wird gern in Zusammenhang mit seinen beruflichen Errungenschaften gesehen, und im Laufe der Geschichte hat der Mann die Rolle als »Arbeitstier« der Familie aufgedrückt bekommen. Die ständige Erwartung, zu Hause der Hauptverdiener zu sein, kann ziemlich viel Druck erzeugen. Erst recht, wenn man zusätzlich mit Krankheit, Arbeitslosigkeit oder anderen Problemen zu kämpfen hat.

Jungs werden immer noch dazu erzogen, ihre Schwächen zu verbergen. Vielleicht gibt er ihr einen aus, obwohl er gerade gar kein Geld hat. Und vielleicht tröstet er Familienmitglieder, die Angst im Dunkeln, vor dem Donner, vor Spinnen oder vor dem Fliegen haben, ohne selbst jemals über seine Ängste zu sprechen. Männer lernen früh, eine Maske aufzusetzen. Die Schwelle, offen über Angst, Depression, Krankheit oder Trauer zu reden, ist daher hoch.

Wie schon erwähnt: Beim Feminismus geht es nicht um einen Kampf zwischen den Geschlechtern, sondern darum, allen Geschlechtern zu mehr Freiheit zu verhelfen. Glücklicherweise hat die Frauenbewegung den positiven Nebeneffekt, dass auch der männliche Spielraum erweitert wird. In einigen Teilen der Welt können junge Männer heutzutage weitaus besser Gefühle ansprechen und zeigen als ihre Väter. Gar nicht zu reden von ihren Großvätern! Und einhergehend damit, dass Frauen inzwischen auch Zugang zur Berufswelt haben, ist die Verantwortung des Mannes als Alleinversorger gesunken.

In skandinavischen Schulen begann die aktive Gleichstellungspolitik in den Sechzigerjahren, als die geschlechtsspezifisch ausgerichteten Fächer Handarbeit und Werken zum Kunstunterricht zusammengelegt wurden und das Fach Hausarbeit, das früher ausschließlich für Mädchen vorgesehen war, durch das gemeinsame Fach Hauswirtschaftslehre ersetzt wurde. Bald wurde auch beschlossen, dass die Schulen einer von traditionellen Rollenbildern bestimmten Berufswahl aktiv entgegenwirken sollten. In den Schulplänen hieß es, man wolle »die Schüler*innen unabhängig vom jeweiligen Geschlecht darin unterstützen, ihre individuellen Talente und Fähigkeiten zu entfalten«.

In den Siebzigerjahren etablierte sich Gleichstellung als eigenes politisches Feld in den skandinavischen Ländern, und von Regierungsseite setzte man sich nun aktiv für mehr Gleichberechtigung in der Gesellschaft ein. Frauen sollten eine echte Chance bekommen, arbeiten zu gehen, auch wenn sie Nachwuchs hatten. Dazu wurden eine Reihe neuer Maßnahmen umgesetzt, unter anderem der Ausbau von Kindergärten, eine bessere Aufklärung über Verhütungsmethoden, finanzielle Unterstützung für Alleinerziehende und das Recht auf selbstbestimmte Abtreibung. Frauen und Männer sollten gleichermaßen die Möglichkeit haben, sich sowohl am Arbeitsplatz als auch in der Familie einzubringen.

Diese Politik führte dazu, dass auch die Rolle des Mannes in der Familie größere Beachtung fand, und in den Achtzigerjahren wurden in mehreren skandinavischen Ländern eigene Ausschüsse eingerichtet, die sich der neuen Männerrolle annahmen. Hier entstand unter anderem die Idee der Elternzeit für Väter und der Väterquote. Die Elternzeit für Väter sieht vor, dass der Vater eine bezahlte Freistellung vom Arbeitsplatz erhalten kann, um zu Hause beim Kind zu bleiben, wenn die Mutter in den Beruf zurückkehrt. Nutzt der Vater seine Quote nicht, entfällt dieser Teil der Elternzeit. So sollen möglichst viele Familien zur Anwendung der Regelung motiviert werden. Ähnliches gibt es bereits in einigen anderen Ländern, aber nur wenige verfügen über ein so fest etabliertes System wie Norwegen, wo die Elternzeit für Väter heute bei fünfzehn Wochen liegt. In der norwegischen Geschichte gehört dies zu den erfolgreichsten politischen Gleichstellungsmaßnahmen neuerer Zeit. Neun von zehn Vätern nutzen die für sie vorgesehene Elternzeit ganz oder in Teilen, und wissenschaftlichen Untersuchungen zufolge hat dies wiederum zu einer ausgeglicheneren Arbeitsverteilung im Haushalt und einem engeren Kontakt zwischen Vätern und ihren Kindern geführt.

Männer sollten selbstverständlich ebenso das Recht haben, ihre Kinder kennenzulernen, wie Frauen. Wir alle sollten dem Nachwuchs vermitteln, dass Mamas Arbeit genauso wichtig ist wie Papas und dass Papas Schoß genauso viel Sicherheit und Geborgenheit bietet wie Mamas.

»Ein männlicher Feminist gehört zu den höchsten Endprodukten der Evolution.«

Caitlin Moran (*1975),
britische Autorin

In den nordischen Ländern bezeichnen sich viele Männer, vor allem jüngere, als Feministen. Sie haben verstanden, dass das Aufweichen der Rollenmuster alle Geschlechter glücklicher macht. Moderne Väter übernehmen ihren Teil, sei es beim Wickeln oder beim Kochen, bei Elternabenden oder beim Putzen – und im Kampf gegen den Sexismus sind sie unsere Verbündeten.

Traditionell fällt es Männern jedoch häufig schwer, das Wort »Feminist« auf sich zu beziehen. Das mag vielleicht daran liegen, dass das »feminine« über weite Teile unserer Ideengeschichte hinweg mit Schwäche verbunden war. Möglicherweise wollen sie auch nicht von anderen Männern als »Pantoffelhelden« abgestempelt werden. Bei uns in Norwegen kommt es immer wieder vor, dass Männer, die Krabbelgruppen besuchen möchten oder die sich Wickeltische auf der Herrentoilette wünschen, lächerlich gemacht werden. Männer, die versuchen, die klassische, heteronormative Rolle des Mannes zu hinterfragen, werden oft damit aufgezogen und verlacht. Für heranwachsende Jungen ist es nach wie vor unangenehm, als »mädchenhaft« bezeichnet zu werden, und noch immer ist »Homo« das meist verwendete Schimpfwort auf skandinavischen Schulhöfen. In vielen Kulturen wird weiterhin der unbesiegbare Macho idealisiert. Einer, der sich mit nacktem Oberkörper auf dem Rücken eines Pferdes abbilden lässt und damit prahlt, einen Tiger bezwungen zu haben, zum Beispiel.

Gesellschaftliche Rollenmuster aufzubrechen ist kein leichtes Unterfangen. Umso wichtiger ist es, dass wir alle in unseren Familien und unserem unmittelbaren Umfeld ein Bewusstsein dafür entwickeln. Wenn wir uns ein vielseitigeres Frauenideal wünschen, muss uns auch an einem vielseitigeren Männerideal gelegen sein. Das heißt, die Männer in unserem Leben müssen sich sicher sein können, dass wir sie nicht auslachen oder zurückweisen oder unsexy finden, wenn sie Gefühle oder Schwächen zeigen. Und natürlich müssen wir auch die politische Gleichstellungsarbeit unterstützen, die sich männerspezifischen, die Rolle des Mannes betreffenden Problemen widmet. Leider ist es oft so, dass diejenigen, die die Probleme des Mannes öffentlich diskutieren wollen, nur selten ohne Seitenhiebe auf den Feminismus und die Frauenbewegung auskommen. Das gilt zum Glück nicht für alle, und wir Feminist*innen sollten unbedingt jene Stimmen unterstützen, die sich auf produktive Art und Weise zu den Herausforderungen von Männern äußern. Das können wir zum Beispiel durch eine Beteiligung an Aktivitäten zum internationalen Männertag am 19. November tun.

»Selbstverständlich macht es mir nichts aus, dass ich abschreckend auf Männer wirken könnte. Männer, die sich von mir abschrecken lassen, gehören nicht gerade zu der Sorte Mann, für die ich mich interessiere.«

Chimamanda Ngozi Adichie (*1977),
nigerianische Autorin

Auf Tinder bitte **nicht** schreiben: »Ich antworte nur Männern über 1,70m.« Wenn wir uns weniger oberflächliche Männer wünschen, müssen wir Frauen auch an uns selbst arbeiten.

Die sechs Säulen des internationalen Männertages

1. Ein positives Männerideal verbreiten
2. Positive Beiträge von Männern zum gesellschaftlichen Leben hervorheben
3. Männliche Gesundheitsfragen in den Fokus rücken
4. Diskriminierung von Männern thematisieren
5. Die Gleichstellung der Geschlechter und ihr Verhältnis zueinander verbessern
6. Die Welt ein bisschen sicherer und besser machen

5. Verdient euer eigenes Geld (wenn ihr könnt)

»Eine Frau, die ihre Miete selbst bezahlt, braucht nicht nett zu sein.«

Elizabeth Wurtzel (1967-2020),
amerikanische Schriftstellerin

An einem Sommertag vor ein paar Jahren war ich auf einem Klassentreffen in meinem Heimatort. Zwanzig Jahre waren vergangen, seit wir gemeinsam die zehnte Jahrgangsstufe absolviert hatten, und das sollte mit Tapas, jeder Menge Weißwein und unbequemen Stützstrumpfhosen gefeiert werden. Von den Gesprächsthemen an diesem Abend ist mir nicht sehr viel in Erinnerung geblieben, aber an eine Unterhaltung erinnere ich mich noch genau. Ich war neben einer Frau gelandet, die ich seit der neunten Klasse nicht mehr gesehen hatte, und wir begannen sofort, uns darüber auszutauschen, was seit unserer letzten Begegnung alles passiert war. Auf meine Frage, was sie beruflich mache, antwortete sie mit einem Lächeln:

»Ja, weißt du, ich habe das Glück, dass ich einfach zu Hause bleiben kann!«

Ich muss etwas verdattert ausgesehen haben, denn sie schob schnell hinterher:

»Also mein Mann verdient so gut, dass ich mich komplett um die Kinder kümmern kann.«

Ich schwieg. Wahrscheinlich hätte ich so etwas wie »Das klingt ja traumhaft« oder einfach »Wie schön!« antworten sollen. Aber ich brachte kein Wort heraus. Ich nickte nur und leerte mein Weinglas.

Es ist gar nicht so, als hätte ich vorher noch nie eine Mutter und Hausfrau getroffen oder als hätte mich ihre Entscheidung, zu Hause bei den Kindern zu bleiben, so wahnsinnig provoziert. Was mich sprachlos machte, war die Selbstverständlichkeit, mit der sie davon erzählte. Und dass sie von »Glück« sprach. Im Gegensatz zu uns anderen also, die wohl oder übel arbeiten gehen müssen, weil wir keinen so gutverdienenden Mann haben, dass wir zu Hause bleiben können? Am liebsten hätte ich sie gefragt, womit sie sich eigentlich die Zeit vertreibt, wenn beide Kinder in der Schule sind, oder wie sie sich das mit der Rente vorstellt, aber ich wollte ja keine Spielverderberin sein.

Ganz unbekannt kam mir der Hausfrauentraum meiner alten Schulkameradin nicht vor, denn ich hatte bereits festgestellt, dass zu dieser Zeit eine Welle der Nostalgie über das kommerzielle Frauenbild schwappte. In den Zeitschriftenauslagen am Kiosk wimmelte es von Titelseiten zu Themen wie Haus, Heim und Handarbeit. Die Käseblättchen schrieben von Frauen, die sich vom »Karrierezirkus« verabschiedet und für ein harmonischeres Familienleben entschieden hatten. Junge Frauen starteten »Hausfrauenblogs«, auf denen sie übers Backen, Einmachen und Saftkochen schrieben. Sie ließen sich mit Blümchenschürze und Pumps in der Küche ablichten und flirteten ganz offensichtlich mit dem Frauenideal der Fünfzigerjahre. Gleichzeitig zeigten Untersuchungen, dass sieben von zehn jungen Frauen fanden, »es wäre schön, von einem Mann versorgt zu werden.«

Was ist hier los?, fragten sich da viele Feminist*innen. Ist etwa eine ganze Generation auf dem Weg zurück zu Familienstrukturen, aus denen sich ihre Mütter gerade erst freigekämpft haben? Statistiken belegen zum Glück, dass es sich bei diesen Hausfrauenträumen in erster Linie um stilisierte Fantasien handelt, die sich nicht in der Arbeitswelt niederschlagen. Denn auch wenn in den nordischen Ländern bei weitem mehr Frauen als Männer in Teilzeit arbeiten, stehen wir im internationalen Vergleich nach wie vor an erster Stelle, was die Teilnahme von Frauen am Berufsleben angeht.

In dem feministischen Klassiker A *Room of One's Own* (1929, *Ein Zimmer für sich allein*) wirft Virginia Woolf die Frage auf, was eigentlich wichtiger für Frauen sei: das damals gerade erst errungene Wahlrecht oder finanzielle Unabhängigkeit. Ihr Schluss lautet, am wichtigsten sei ein eigenes Einkommen, denn finanzielle Abhängigkeit stelle den Kern des viktorianischen Frauenideals dar. Wenn eine Ehefrau nicht wollte, dass der Mann ihrer überdrüssig wurde und sie in Armut zurückließ, musste sie ihn ehren und sein Selbstbild aufrechterhalten. Sie musste sich ihm fügen und ihm gefallen und gleichzeitig sämtliche eigenen Bedürfnisse unterdrücken.

Wirtschaftliche Unabhängigkeit ist seit über hundert Jahren ein wichtiges Anliegen der Frauenbewegung. Das Recht auf Arbeit und auf die Möglichkeit, sich selbst zu versorgen, stellt die Grundlage für eigenständige Entscheidungen im Leben dar. Aber nach wie vor sind viele Frauen auf der ganzen Welt finanziell abhängig von ihren Ehemännern. Das ökonomische Ungleichgewicht zwischen den Geschlechtern ist schlicht und einfach gewaltig: Männer besitzen den größten Teil sämtlicher materieller Werte der Welt. Sie verfügen über mehr Land, mehr Immobilien, mehr Unternehmen, mehr Banken und mehr Aktien als Frauen. Weltweit sind beispielsweise dreihundert Millionen weniger Frauen als Männer im Besitz eines eigenen Handys. Dies beschränkt ihren Zugang zu Informationen, zum Arbeitsmarkt und zum Teil auch zu Geld, das vielerorts mithilfe von Mobiltelefonen überwiesen wird. Den UN zufolge gibt es in 104 Ländern der Welt Gesetze, die Frauen am Ausüben bestimmter Berufe in Bereichen wie Wasser- und Energieversorgung, Bergbau, Hoch- und Tiefbau, Landwirtschaft und Transport hindern. In achtzehn Ländern haben Männer das Gesetz auf ihrer Seite, wenn sie ihre Frau von der Arbeitswelt fernhalten wollen.

Unter diesem Ungleichgewicht haben nicht nur Frauen zu leiden, sondern die Weltbevölkerung insgesamt. In vielen ärmeren Ländern sind Frauen schlicht und ergreifend eine schlecht genutzte Ressource. Das beschreiben die mit dem Pulitzerpreis ausgezeichneten Journalist*innen Sheryl WuDunn und Nicholas Kristof in ihrem Buch *Half the Sky* von 2009 (*Die Hälfte des Himmels. Wie Frauen weltweit für eine bessere Zukunft kämpfen*). Ihre Hypothese ist verblüffend einfach: Sind beide Hälften der Weltbevölkerung berufstätig, steigen die Einkünfte. Und lässt man Mädchen etwas lernen, hat das einen größeren Effekt als »normale« Investitionen, denn eine Frau mit Ausbildung und Arbeit hat oft einen überaus positiven Einfluss auf ihr Umfeld. Frauen investieren ihr Einkommen eher in die Gesundheit und Ausbildung von Kindern und in die lokale Gemeinschaft als Männer. Wer ein Mädchen ausbildet, der bildet ein ganzes Dorf aus.

Auch in den westlichen Ländern ist das wirtschaftliche Ungleichgewicht zwischen den Geschlechtern viel größer, als den meisten klar ist. Traditionelle Frauenberufe werden systematisch schlechter bezahlt als typische

Männerberufe. Da Frauen in viel größerem Umfang die Fürsorge für Kinder und Ältere übernehmen, arbeiten viele von ihnen in Teilzeit und erhalten somit am Ende nur die Mindestrente. In Umfragen geben deutlich mehr Frauen als Männer an, dass sie sich eine Scheidung vom Ehepartner schlicht und ergreifend nicht leisten können. Im schlimmsten Fall führen finanzielle Engpässe dazu, dass Frauen in einer schwierigen Situation oder einer gewaltgeprägten Beziehung bleiben. Das finanzielle Ungleichgewicht trägt zur Aufrechterhaltung des ohnehin bereits ungleichen Machtverhältnisses zwischen den Geschlechtern bei.

Manche behaupten, sie fänden es »romantischer«, wenn der Mann dem traditionellen Rollenmuster entsprechend mehr Geld verdient und die Frau einlädt. Ich würde das Gegenteil behaupten: Finanzielle Gleichstellung ist tausendmal romantischer, denn vor diesem Hintergrund können sich beide *ganz* sicher sein, dass der andere die Beziehung wirklich will und nicht nur aus praktischen oder finanziellen Gründen.

Trotz der großen wirtschaftlichen Unterschiede werden in den westlichen Ländern neuerdings Stimmen laut, die danach fragen, inwiefern man mit den alten Forderungen nach »Vollzeitbeschäftigung« und »höheren Gehältern für Frauen« tatsächlich auf dem richtigen Weg sei. Denn wie verantwortlich ist es eigentlich, Frauen zu mehr Arbeit, mehr Einkommen und damit auch mehr Verbrauch anzuhalten, wenn unsere Welt vor lauter Konsum längst kurz vor dem Kollaps steht?

Der Kapitalismus zielt auf kontinuierliches Wachstum ab. Alles kann immer noch größer, noch lukrativer, noch effektiver werden. Das System kennt keine Grenzen. Uns Menschen aber (und dem Planeten, auf dem wir leben) sind natürliche Grenzen gesetzt, und in den wohlhabenden Teilen der Welt machen viele bereits die Erfahrung, dass diese Grenzen allmählich erreicht sind. So ist zum Beispiel vom ewigen »Zeitdruck« die Rede, vor allem bei Eltern kleiner Kinder, die ständig das Gefühl haben, mit allem hinterher zu sein und Erwartungen nicht gerecht zu werden. Viele haben so lange Arbeitstage, dass sie ihre Kinder kaum bei Tageslicht sehen. »Warum leben wir eigentlich so? Ist es das wert?«, fragen sie sich.

Einige dieser kritischen Stimmen haben dem Feminismus vorgeworfen, als Handlanger des Kapitalismus zu dienen, da die Frauenbewegung zu einer Erhöhung der gesamtgesellschaftlichen Kaufkraft beigetragen hat. Und es besteht kein Zweifel, dass der private Konsum seit der letzten feministischen Welle in den Siebzigerjahren regelrecht explodiert ist. Aber die Tatsache, dass Frauen angefangen haben, ihr eigenes Geld zu verdienen, als Ursache für die Klimakrise anzuführen, erscheint mir falsch und unsolidarisch. Da könnte man Menschen im globalen Süden genauso gut erzählen, sie müssten arm bleiben, weil die Erde nun mal kein Wachstum mehr verträgt.

Es ist wichtig zu unterstreichen, dass die Frauenbewegung nie von möglichst viel Arbeit für alle geträumt hat. Im Gegenteil, skandinavische Feminist*innen haben sich wieder und wieder für die Einführung der Dreißigstundenwoche stark gemacht. Und diese Vision vereint inzwischen viele Feminist*innen: kürzere Arbeitstage und mehr Zeit für die Familie. Weniger und umweltfreundlicherer Konsum.

Doch eine solche Reform der Arbeitswelt muss natürlich *sowohl* für Frauen *als auch* für Männer gelten. Sonst setzt sich das ungleiche ökonomische Machtverhältnis zwischen den Geschlechtern immer weiter fort.

Transparenz über Bezahlung verlangen!
Bei Gehaltsverhandlungen schneiden Frauen häufig schlechter ab als Männer. Oft sind sich die Mitarbeiter*innen der Unterschiede, auch innerhalb eines Unternehmens, gar nicht bewusst, da nur selten offen darüber gesprochen wird. Wenn wir nicht wissen, was unsere Kolleg*innen verdienen und warum, wird es schwierig, Entlohnung zu vergleichen. Tauscht euch also untereinander aus und fordert, dass alle Zugang zum Lohnniveau haben. Falls ihr auf Widerstand stoßt, wendet euch an die zuständige Gewerkschaft.

6. Kennt eure Feinde

»Was als ›Internethetze‹ bezeichnet wird, ist nichts anderes als Rassismus und Sexismus. ›Trolle‹ sind keine harmlosen Märchenfiguren, sondern Rassisten und Frauenhasser.«

Alexandra Pascalidou (*1970),
griechisch-schwedische Autorin und Moderatorin

Misogyn. Ich muss zugeben, dass ich bis vor ein paar Jahren noch keine Ahnung hatte, was dieses Wort bedeutet. Frauenhasser. Männer, die Frauen verachten. Das klang für mich wie ein schwedischer Krimititel. Ich meine, seht uns doch mal an: Was kann man an uns nicht mögen?

Doch in den letzten zehn Jahren ist der Begriff leider nur allzu bekannt geworden. Immer wieder ist von Männern die Rede, die Frauen bedrohen und belästigen, und in regelmäßigen Abständen erschüttern antifeministische Terroraktionen die Welt. Männer bringen unschuldige Menschen um und schieben die Schuld auf die Frauenbewegung. Das geschah zum Beispiel 2011, als der Faschist Anders Behring Breivik 77 Menschen tötete. Im Vorfeld des

Attentats publizierte er ein vor Wut auf die Frauenbewegung nur so triefendes Manifest. Breivik und Gleichgesinnte hegen die grandiose Idee, dass der weiße Mann bedroht und seiner »rechtmäßigen« Privilegien beraubt werde. Sie halten den Feminismus für eine destruktive Kraft, die die westliche Gesellschaft »feminisiert« und damit zerstört hat. Aus Rassismus, Islamophobie und Frauenhass kochen sie ihr eigenes Süppchen.

Seit ein paar Jahren finden junge, wütende Männer in Internetforen wie 4chan und 8chan zusammen. Einige von ihnen bezeichnen sich als »incels«, was auf das »unfreiwillige Zölibat« (involuntary celibacy) anspielt, in dem sie angeblich leben. Sie argumentieren, dass viele Männer heutzutage um Sex und Liebe gebracht werden, da die Gleichstellung Frauen ermächtigt habe, sich ihre Partner selbst auszusuchen. Die Frau kontrolliere somit den männlichen »Zugang zu Sex« und habe die Macht auf dem »Markt der Geschlechter«, behaupten sie.

Wenn ich so etwas höre, wird mir regelrecht schlecht.

Sex ist nichts, worauf man ein Anrecht hat.

Dass Frauen sich ihre Sexualpartner und Ehemänner selbst aussuchen können, ist noch relativ neu. Und in vielen Teilen der Welt ist dieser Gedanke nach wie vor unerhört. Die neugewonnene Freiheit der Frau in diesem Bereich als negative Entwicklung zu bezeichnen, kann nur als direkte Drohung verstanden werden. Denn wie will man die verlorene Macht denn zurückerobern? Durch Zwang? Den Einsatz von Waffen? Vergewaltigungen?

In der öffentlichen Debatte über die neuen rechtspopulistischen Strömungen in der Welt kommt dem Frauenhass oft eine ungeordnete Rolle zu, doch es ist wichtig zu sehen, wie eng das alles miteinander zusammenhängt: In ihrer Sinnsuche orientieren sich die Faschisten an alten Gemeinschaftsformen. Sie idealisieren die Rollenmuster der Vergangenheit, alte Hierarchien, die traditionelle Kernfamilie und den Traum von ethnisch *reinen* Nationen. Der Faschismus ist also in jeder Hinsicht retro – und damit das diametrale Gegenteil des Feminismus.

Man wird selten jemandem begegnen, der von sich selbst behaupten würde, er hasse Frauen. Das Gegenteil ist meist der Fall.

»Ich *liebe* Frauen«, sagen die Betreffenden oft. Oder sie schreiben es im Internet:

»Frauen sind stark und schön! Und mütterlich. Ich finde alle Frauen schön. Jede auf ihre Art. Ich liebe sie einfach! Solange sie sich auch wie Frauen *benehmen.* Und wie Frauen *aussehen.* Und nicht meinen, sie wären *Männer.* Denn die kleinen Unterschiede müssen wertgeschätzt werden. Mann und Frau sollen sich gegenseitig ergänzen. Also hör bitte auf, die ganze Zeit von Gleichstellung zu reden. Wir werden NIE gleich sein! Frauen und Männer sind *verschieden* – wann kriegst du das endlich in deinen verdammten Schädel?? Du scheiß Feminazi! Ich wette, du rasierst dir nicht mal die Beine! Ritz dir doch einfach die Pulsadern auf, dann sieht die Welt schon gleich besser aus! UNGLAUBLICH, DASS DU KINDER HAST, DENN DAS HEISST JA, DASS DICH IRGENDWER GEBUMST HAT, ALLEIN BEIM GEDANKEN DARAN KOMMT ES MIR HOCH, DU VERDAMMTE HURE!

Ich, ein Frauenhasser? Nein, nein, Frauen liebe ich doch.«

»Hure« ist im Übrigen das meistgebrauchte Schimpfwort für Frauen auf der ganzen Welt. Und Prostitution kann in vielerlei Hinsicht als institutionalisierte Frauenverachtung bezeichnet werden.

Mir persönlich will vor allem ein Aspekt der Prostitution einfach nicht in den Kopf, und zwar die Tatsache, dass es so unglaublich viele Männer auf diesem Planeten gibt, die das Konzept völlig in Ordnung finden. Der Gedanke, dass sie überhaupt einen hochkriegen, obwohl sie genau wissen, dass die Frau am liebsten irgendwo anders wäre, ist einfach haarsträubend. Ich könnte nie – NIE – mit einem Mann schlafen, der eigentlich keine Lust darauf hat.

In Norwegen, Schweden und Island ist der käufliche Erwerb sexueller Dienste mittlerweile verboten. Das Gesetz wurde gemeinschaftlich von nordischen Frauenorganisationen erkämpft und 2009 in Norwegen eingeführt. Es besagt, dass der Verkauf sexueller Dienste legal ist, nicht aber der Erwerb oder der Handel damit, und es spaltet immer noch die Gemüter. Die Gesetzesgegner*innen begründen ihren Standpunkt damit, dass die Frauen größeren Gefahren ausgesetzt sind, wenn der Markt kriminalisiert wird und im Untergrund verschwindet. Viele sind auch der Meinung, es müsse doch »jede selbst über ihr Leben und den eigenen Körper bestimmen«. Ihrer Ansicht nach sollten Prostituierte als »Sexarbeiterinnen« bezeichnet und die Arbeit anderen Berufen gleichgestellt werden.

Dabei wird allerdings übersehen, dass in der Sexindustrie von Gleichstellung keine Rede sein kann. Hier hat der eine Part Macht, Kontrolle und Geld und der andere nicht. Die allermeisten Prostituierten haben sich dieses Leben nicht ausgesucht. Die große Mehrheit prostituierter Frauen in Skandinavien stammt aus ärmeren Ländern, und viele sind außerdem Opfer von Menschenhandel. Nur weil manche vielleicht die freie Wahl hatten, können wir nicht einfach darüber hinwegsehen, dass dies für die Mehrheit eben nicht der Fall ist. Echte Schwesternsolidarität kommt nicht dadurch zum Ausdruck, dass wir Prostituierte als Sexarbeiterinnen bezeichnen, sondern durch unser konsequentes Engagement für die Abschaffung des käuflichen Erwerbs von Frauen.

Auswertungen des Prostitutionsgesetzes zeigen, dass es funktioniert und der Prostitutionsmarkt innerhalb der letzten zehn Jahre deutlich geschwächt wurde. Hauptziel des Verbots ist es, eine Einstellungsänderung herbeizuführen. Die Hoffnung besteht darin, dass der käufliche Erwerb anderer Menschen in Zukunft vollkommen tabu sein wird, dass Freier auf der ganzen Welt einsehen, wie menschenfeindlich das Ganze ist und somit die Lust verlieren.

»Wenn ein Mann mit einer Frau, die keinerlei Anzeichen von sexueller Erregung zeigt, eine Erektion und einen Samenerguss bekommen kann, so muss man davon ausgehen, dass er völlig entfremdet ist – nicht nur der Frau, sondern auch sich selbst und dem ganzen Leben gegenüber.«

Suzanne Brøgger (*1944),
dänische Autorin

Antifeminismus Es ist wichtig, zwischen *Antifeminismus* und Kritik am Feminismus zu unterscheiden. *Antifeminismus* ist eine Ideologie, die auf Angst und Verschwörungstheorien beruht. Diese Stimmen bezeichnen die Befreiung der Frauen oft als »Zerfall der Gesellschaft«, und viele sehen in den rückläufigen Geburtenraten westlicher Länder ein Zeichen für eine muslimische »Übernahme«. Die Denkweise kann mit Antisemitismus und Islamfeindlichkeit verglichen werden. Kritik an der feministischen Bewegung pauschal mit einem solchen Frauenhass gleichzusetzen, wäre daher ebenso undifferenziert wie die Behauptung, alle Einwanderungsskeptiker*innen seien Rassisten.

Misogynie bedeutet Hass oder starke Vorurteile Frauen und allem Weiblichen gegenüber. Der feministischen Theorie nach ist Misogynie eine politische Ideologie, vergleichbar mit Rassismus oder Antisemitismus, die zur Legitimierung und Aufrechterhaltung der Frauenunterdrückung dient. Das Gegenteil, Hass gegen Männer, wird als Misandrie bezeichnet.

7. Vergesst die Nostalgie

»Das Patriarchat wird noch innerhalb deiner Lebenszeit zugrunde gehen, also kannst du auch einfach mit anpacken.«

Lisa Ekdahl (*1971),
schwedische Künstlerin

An einem verschneiten Januartag im Jahr 2019 versammelte sich auf dem Osloer Schlossplatz eine Gruppe norwegischer Feministinnen in roten Umhängen und mit weißer Haube auf dem Kopf. Sie hatten sich wie die Dienerinnen in der Erfolgsserie »The Handmaid's Tale« gekleidet, die auf Margaret Atwoods dystopischem Roman aus dem Jahr 1984 beruht.

Die Geschichte spielt im totalitären Regime Gilead, irgendwann in der nahen Zukunft, in der die Reproduktionsrate der Bevölkerung stark zurückgegangen ist. Die wenigen verbliebenen fruchtbaren Frauen werden wie Sklavinnen gehalten. Sie werden systematisch vergewaltigt und sind gezwungen, als Geburtsmaschinen für das Überleben der Menschheit herzuhalten. Die dahinterstehende Aussage kann als Versuch verstanden werden, die Entwicklung von religiösem Dogmatismus hin zu Faschismus und Frauenhass nachzuvollziehen.

Grund für die Kostümwahl der norwegischen Aktivistinnen war ein Vorschlag der konservativen Regierung zur Einschränkung des Abtreibungsgesetzes, gegen die sie protestierten. Wir haben seit 1978 ein liberales Abtreibungsgesetz, das es Frauen erlaubt, bis zur zwölften Woche selbst über einen Schwangerschaftsabbruch zu entscheiden. Von der derzeitigen Regierung und der christlichen Partei des Landes, die die Selbstbestimmung der Frau in diesem Zusammenhang einschränken möchte, wurde dieses Gesetz jedoch wiederholt auf den Verhandlungstisch geholt. Da es für eine Änderung keine Mehrheit gibt, wird stattdessen versucht, neue Regeln einzuführen, die den Weg bis zur Abtreibung auf unterschiedliche Weise erschweren. Das hat zu hitzigen Debatten und Aufruhr unter norwegischen Frauen geführt, die das Gesetz in seiner ursprünglichen Form behalten wollen.

Das Erschreckendste an »The Handmaid's Tale« sind für mich nicht etwa die Folter, die Vergewaltigungen und die Bosheit, sondern die langen Rückblenden zu der Zeit, als die Patriarchen allmählich immer mehr Macht gewannen. Diese Zeit gleicht nämlich unserer eigenen. Die Frauen in der Geschichte verlieren ihre Rechte nicht über Nacht, sondern peu à peu. Eine neue Regel hier und eine neue Regel da. Ein Verbot hier und ein Verbot da. Die Leute schütteln nur den Kopf und können kaum glauben, was sie hören. Und nehmen das Ganze vielleicht gar nicht so ernst. »Das können sie doch nicht wirklich so meinen, oder? Im Ernst?« Und dann gehen sie weiter ihrem Alltag nach, so gut es eben geht, unter immer strengeren Bedingungen.

Derzeit sind in einer Reihe von Ländern reaktionäre Kräfte auf dem Vormarsch, und über die Konsequenzen wird fast täglich berichtet. Um es mit den Worten der russischen Aktivistin Nadja Tolokonnikowa zu sagen: »Es ist, als würde sich ein und dieselbe politische Strömung wie eine sexuell übertragbare Krankheit rund um den Globus verbreiten.«

Machtlos müssen wir die Entwicklungen in Ländern wie Ungarn, Polen, der Türkei, Russland, Brasilien, den USA, Iran und auf den Philippinen mitansehen. Wir schütteln nur resigniert den Kopf, wenn im amerikanischen Bundesstaat Alabama plötzlich ein Abtreibungsverbot eingeführt wird. Vielleicht verfassen wir einen empörten Twitter-Beitrag, wenn polnische Politiker homophobe Propaganda verbreiten. Oder wenn in Russland Demonstrationsverbot herrscht. Jetzt ist es entscheidend, dass wir anfangen, diese Entwicklung in einem größeren Zusammenhang zu sehen.

54 »Behalt deine Rosen, räum lieber den Tisch ab.«

Märta Tikkanen (*1935),
finnische Schriftstellerin

Eine Figur in »The Handmaid's Tale« ist Commander Waterford, der in der Serie von Joseph Fiennes gespielt wird. Als Waterford für das Schwängern der Sklavinnen argumentiert, sagt er, die persönliche Freiheit dieser Frauen werde durch etwas viel Besseres ersetzt, nämlich gesellschaftlichen Respekt. Dienerinnen, die ein Kind erwarten oder bereits eins zur Welt gebracht haben, erlangen nämlich einen geringfügig höheren Status. In vielen konservativen Kulturen kommt Müttern eine ganz besondere

Bedeutung zu, ja, die Mutterschaft gilt dort geradezu als heilig. Ausdruck dieser Idealisierung sind unter anderem mit Engeln, Jesus- und Madonnenmotiven verzierte Muttertagkarten oder Fotos, auf denen Schwangere nackt mit Engelsflügeln posieren. Es existieren stark verbreitete und kulturell geprägte Vorstellungen von der guten, sich in sämtlichen Lebensbereichen aufopfernden Mutter. Und in vielen Ländern soll die Mutter außerdem selbstständig sein – in dem Sinne, dass sie keine nennenswerte Unterstützung vom Staat oder von anderen Familienmitgliedern zu erwarten hat. Vielerorts gibt es starken Widerstand gegen Kindergärten. Die Familie ist in erster Linie die Verantwortung der *Mutter*. Und ihre Bezahlung? Respekt. Dieses Familienideal wird jetzt ebenfalls von den bereits erwähnten autoritären Staatschefs hochgehalten.

In Europa sprechen sich viele politische Führer*innen inzwischen dafür aus, dass die Frauen ihrer Ländern mehr Kinder zur Welt bringen sollen. Der ungarische Ministerpräsident Viktor Orbán zum Beispiel hat im Grundgesetz festhalten lassen, dass die heterosexuelle Familie »die Grundlage des Überlebens der Nation« darstelle, und im Februar 2019 versprach er allen Frauen, die vier oder mehr Kinder zur Welt bringen, eine Befreiung von der Einkommensteuer. Im März desselben Jahres fand der ultrakonservative Weltfamilienkongress im italienischen Verona statt. Dort kamen Politiker*innen und religiöse Führungsfiguren zusammen, um über die Stärkung der Kernfamilie zu diskutieren und darüber, wie man die Rechte Homosexueller weiter einschränken kann. Zu den Hauptrednern gehörte die ungarische Familienministerin, und die italienische Regierung entsandte mehrere Repräsentant*innen. Die neofaschistische Partei Forza Nuova nutzte die Gelegenheit und schlug gleich eine Volksabstimmung über die Abschaffung von Abtreibungen in Italien vor.

In Polen herrscht in der Praxis bereits ein Abtreibungsverbot, und jetzt stehen auch die Rechte Homosexueller auf dem Spiel. Jarosław Kaczyński, der Vorsitzende der nationalkonservativen Regierungspartei, hat verkündet, die »LGBT-Ideologie« sei eine »importierte Bedrohung für die polnische Identität und die Existenz der ganzen Gesellschaft«. Regionale Parteivertreter*innen erklärten eine Reihe von Städten und Provinzen zu »homofreien Zonen«, und einzelne Versuche, Pride-Paraden zu organisieren, endeten in blutigen Auseinandersetzungen.

2017 schaffte die russische Regierung ein gesetzliches Verbot häuslicher Gewalt ab. Dabei stellt Gewalt unter Lebenspartnern ein ungemeines Problem in der Bevölkerung dar: Etwa eine von fünf Russinnen ist davon betroffen. Nun sollen Schläge, Tritte und andere Formen von Gewalt, die zwar körperlichen Schmerz, aber keine ernsten Verletzungen verursachen, lediglich mit Bußgeldern geahndet werden. Die Begründung lautet, man wolle dem Staat weniger Spielraum geben, »sich ins Familienleben einzumischen«.

In Skandinavien verstehen wir unter Demokratie ein System, in dem die ganze Bevölkerung auf bestmögliche Weise repräsentiert wird und man auf individuelle Freiheit sowie den Schutz verletzlicher Minderheiten hinarbeitet. Das ist nicht immer gleich erfolgreich, aber es ist die Intention.

Von den Staatschefs, man könnte auch sagen den Patriarchen, der weiter oben genannten Länder, legen einige den Begriff Demokratie vollkommen anders aus. Ihrem Verständnis nach handelt es sich dabei um ein System, in dem die Mehrheit einen starken Anführer wählt und dieser dann quasi freie Hand hat, seine Politik durchzusetzen. Und ist der Freiheitswunsch des Einzelnen nicht im Einklang mit der mehrheitlichen Meinung, dann gilt das als illoyal dem Staat gegenüber. Autoritäre Staatsoberhäupter verlangen uneingeschränkte Loyalität von allen.

Manche sind der Meinung, die norwegischen Feministinnen wären mit ihren Kostümen aus »The Handmaid's Tale« zu weit gegangen. Denn mal ehrlich: Gehört Norwegen nicht zu den Ländern, in denen mit Abstand am meisten Demokratie und Gleichberechtigung herrscht?

Doch, das stimmt. Und so soll es auch bleiben. Wir demonstrieren, um zu zeigen, dass wir nicht schlafen. Um zu zeigen, dass wir mitbekommen, was vor sich geht. Wir demonstrieren, damit wir nicht irgendwann das Nachsehen haben und uns fragen müssen: »Wie konnte es nur so weit kommen, vor unseren eigenen Augen?« Wir demonstrieren, weil wir es können. Und wir demonstrieren im Namen all jener, die es nicht mehr können.

Wir müssen das Rückschrittliche und Frauenverachtende erkennen, das sich in Lobliedern auf »die Kernfamilie und traditionelle Werte« verbirgt. Es ist jetzt wichtiger denn je, dass Feminist*innen über Landesgrenzen hinweg zusammenhalten.

Nostalgie können sich nur weiße, heterosexuelle Männer erlauben. Für alle anderen ist in der Vergangenheit nicht viel zu holen. Was für uns zählt, ist die Zukunft.

»Ist es überhaupt vorstellbar, dass eine Frau, die über keinerlei relevante Erfahrungen verfügt, fünf Kinder mit drei verschiedenen Männern hat und über das Begrapschen männlicher Geschlechtsteile redet, zur Präsidentin der USA gewählt wird?«

Helle Thorning-Schmidt (*1966),
ehemalige Ministerpräsidentin von Dänemark

»Wer da nicht außer sich ist, kriegt nichts mit.«

Heather Heyer (1985–2017),
amerikanische Aktivistin

8. Zeigt Schwesternsolidarität

»Anstatt Frauen in den Chefetagen mit ihren schicken Eckbüros zu bejubeln, wollen wir die Chefetagen mit ihren schicken Eckbüros beseitigen.«

Nancy Fraser (*1947),
amerikanische Professorin

Madeleine Albright, die ehemalige Außenministerin der USA, hat einmal gesagt: »In der Hölle gibt es einen eigenen Platz für Frauen, die sich nicht gegenseitig helfen.«

Ein furchtbares Zitat, wie ich finde, zumindest, wenn man es wörtlich nimmt. Leider hat sich inzwischen mehr und mehr die Auffassung verbreitet, dass Schwesternsolidarität in der blinden und bedingungslosen Unterstützung anderer Frauen bestehe, ganz egal, wobei. Manche tragen den Feminismus wie ein freches rosa Halstuch zur Schau und meinen, das Ganze sei eine Art Karrierenetzwerk, mit dem wir uns gegenseitig an die Spitze verhelfen. Anhängerinnen dieser Sicht sprechen nicht davon, das Patriarchat zu stürzen oder die gesellschaftlichen Machtstrukturen umzukehren, ihnen geht es allein um größtmöglichen persönlichen Erfolg innerhalb der bestehenden Rahmenbedingungen. Echte Schwesternschaft zielt jedoch nicht darauf ab, sich gegenseitig zu applaudieren oder Frauen mit vollkommen anderen Wertvorstellungen zu unterstützen. Vielmehr sollen einzelne wichtige Kämpfe gemeinsam ausgefochten werden, dazu tun wir uns zusammen.

Es ist kein Wunder, dass viele Frauen Angst haben, als unsolidarisch zu gelten, denn dieser Vorwurf wird uns seit eh und je gemacht. »Der ärgste Feind der Frau ist die Frau«, heißt es dann gern. »Es ist typisch weiblich, sich untereinander anzugreifen und Steine in den Weg zu legen.« Wer beispielsweise einen kritischen Standpunkt zur Prostitution einnimmt, wird womöglich beschuldigt, Sexarbeiterinnen zu verachten. Kritik an der Pornoindustrie wird als Angriff auf Pornodarstellerinnen gedeutet. »Da hört die Schwesternsolidarität also auf!« Kritisieren wir Frauenzeitschriften, können wir uns anhören, wir würden auf die Interessen anderer Frauen herabsehen. Nehmen wir uns die Schönheitsideale der Medien vor, heißt es, wir seien neidisch auf die Models. »Typisch Frau, die eine verträgt nicht, dass die andere zeigt, was sie hat!«

Auf diese Weise werden die Ansichten von Frauen bagatellisiert. Man wirft uns eine persönliche und unreife Agenda vor und reduziert unser Engagement auf einen Ausdruck reiner Rivalität. Es ist wichtig, dass wir uns diese Herrschaftstechnik bewusstmachen und sie entlarven. Frauen sollen selbstverständlich genau wie Männer die Freiheit haben, unterschiedlicher Meinung zu sein.

Skandinavischen Feministinnen wird oft mangelnde Schwesternsolidarität gegenüber Migrantinnen vorgeworfen. Seit Jahrzehnten wird in regelmäßigen Abständen die Kritik vorgebracht: »Die Feministinnen lassen muslimische Frauen im Stich«, oder: »Diese selbstbezogenen weißen Mittelklassedamen meckern die ganze Zeit nur über ihre eigenen Luxusprobleme«. Es stimmt, dass die Frauenbewegung in Skandinavien bisher hauptsächlich von weißen Frauen und deren Problemen geprägt war. Zum Glück wird die feministische Szene jedoch immer vielfältiger. Innerhalb der letzten zehn Jahre hat sich eine Vielzahl von Frauen mit Migrationshintergrund zu Wort gemeldet. Durch einen Auftritt in der Öffentlichkeit setzen sie oft mehr aufs Spiel als andere. In Norwegen hören wir immer wieder von Frauen, die nach einem Beitrag in den Medien Mobbing, Belästigungen oder Drohungen ausgesetzt sind. Einige werden auf offener Straße niedergeschlagen, manche leben mit Alarmmeldern und Polizeischutz, während andere von psychischen Problemen aufgrund ihrer Situation berichten. Dennoch fließt nun also ein Strom mutiger Minderheitenstimmen in die gesellschaftliche Debatte mit ein, denen es unter anderem um den Kampf gegen Ehrkultur, Zwangsehe, Genitalverstümmelung und nicht zuletzt Rassismus geht.

Zu diesen neuen Aktivistinnen zählen auch die »Schamlosen Mädchen« (»De skamløse jentene«), eine Bewegung, die 2016 in Norwegen entstand. Sie begann mit drei jungen Frauen – Nancy Herz, Sofia Srour und Amina Bile –, die in Zeitungsbeiträgen ihren Unmut darüber äußerten, dass ihre Brüder mehr Freiheiten haben als sie selbst. Sie verwendeten den Begriff »soziale Kontrolle«, um die Art und Weise zu beschreiben, mit der viele Mädchen durch ihr unmittelbares Umfeld klein gehalten werden. Darunter fallen etwa alltägliche Hinweise nach dem Motto »Die Leute achten darauf, was du tust«. Vielleicht wird man von einem Taxifahrer verpetzt, der mitbekommt, dass man abends zu spät noch unterwegs ist, oder man bekommt von einem Kumpel des Bruders zu hören, dass man zu viel Haut zeige. Eine eigene Schmähkultur also, oder eine Moralpolizei, wenn man so will.

»Irgendwann reicht's!«, sagten sich die drei jungen Frauen. »Wir wollen uns nicht mehr dafür schämen müssen, dass wir ein ganz normales Leben führen. Wir sehen es nicht ein, als Maß unserer Familienehre herzuhalten.« So lautete ihre Botschaft.

Mehrere Jahre lang reisten die Schamlosen Mädchen durchs Land und sprachen mit Jugendlichen, Eltern und Politiker*innen über diese Themen. Sie trafen einen Nerv und wurden zu Vorbildern einer ganzen Generation.

Auch wenn sich in den letzten Jahren viele Frauen mit Migrationshintergrund zum Kampf gegen soziale Kontrolle geäußert haben, besteht zwischen den verschiedenen Stimmen noch längst keine Einigkeit darüber, wo genau die Probleme liegen oder welche Gegenmaßnahmen notwendig sind. Und das ist auch kein Wunder, immerhin handelt es sich hier um Einzelpersonen und nicht um eine homogene politische Gruppe. Immer mehr Migrantinnen geht es genau darum: Wir bilden nicht eine einheitliche Kategorie unterdrückter Opfer, die es zu befreien gilt, wir sind genauso unterschiedlich wie alle anderen.

Als Individuum behandelt zu werden – mit all der Komplexität, die dazugehört –, ist ein Privileg, das keineswegs alle genießen.

»Der Islam braucht eine sexuelle Revolution.«

Seyran Ateş (*1963),
deutsch-türkische Juristin, Autorin und Imamin

Diejenigen, die den Feminist*innen immerzu vorwerfen, sie würden sich in der Debatte um die Migrantinnen aus der Affäre ziehen, haben leider oft eine Agenda. Denn wenn sie sagen, wir hätten »die Migrantinnen im Stich gelassen«, meinen sie eigentlich, dass wir dem Islam und Muslim*innen gegenüber kritischer sein sollten. Sie wollen, dass wir in eine Islamkritik einstimmen, die plakativ ist und daher recht unzutreffend sein kann: »Der Islam ist frauenfeindlich!«, »Kopftücher sind die reinste Frauenunterdrückung!«, »Schluss mit der Einwanderung!« Ausrufezeichen und basta. Unter diesen Prämissen wollen natürlich nur wenige an der Debatte teilnehmen. Wir dürfen nicht zulassen, dass Rassist*innen und Einwanderungsgegner*innen den Feminismus für ihren selbstdefinierten Kulturkrieg missbrauchen.

Gleichzeitig ist es sehr wichtig, dass Feminist*innen Partei für jene Stimmen ergreifen, die innerhalb ihrer religiösen Kreise Änderungen herbeiführen wollen. Heute gibt es eine Reihe muslimischer Feministinnen, die mit neuen Auslegungen des Korans auf sich aufmerksam machen. In den letzten Jahren war außerdem von einigen Imaminnen zu hören, die sich gegen die Konservativen auflehnen. So zum Beispiel die Deutsche türkischer Abstammung Seyran Ateş und die Französin Kahina Bahloul. Diese Imaminnen finden, dass muslimische Frauen und Männer die gleichen Rechte haben sollten, und die Modernisierung des Islams ist ihnen ein besonderes Anliegen. Im Gespräch mit dem französischen Nachrichtensender France 24 sagte Bahloul: »Das heutige Hauptproblem des Islams ist die Tatsache, dass er durch die männliche Brille betrachtet wird, mit einem Gesellschaftsverständnis, das patriarchal, wenn nicht gar frauenfeindlich ist. Im einundzwanzigsten Jahrhundert sollten wir in der Lage sein, religiöse Texte anders zu lesen«.

Es besteht kein Zweifel, dass die Diskriminierung, die Frauen auf der ganzen Welt erfahren, zu einem sehr großen Teil religiös motiviert ist. Jahrhundertelang wurden religiöse Schriften als Vorwand benutzt, um Frauen ihrer Freiheit zu berauben. In den skandinavischen Ländern spielt Religion in politischen und gesellschaftlichen Zusammenhängen keine tonangebende Rolle mehr, was eine wichtige Voraussetzung für Gleichberechtigung ist. Wir haben in diesem Bereich schon eine ganze Reihe harter Kämpfe ausgetragen und unter anderem dafür gesorgt, dass die Kirche Frauen im Priesteramt, uneheliche Lebenspartnerschaften und die gleichgeschlechtliche Ehe akzeptiert. Lange war der Widerstand gegen diese Forderungen viel zu stark. Doch dank der Frauen und Männer, die aus den eigenen Reihen der Kirche heraus den Kampf aufnahmen und nicht lockerließen, haben wir heute eine deutlich liberalere christliche Kultur. Inzwischen können beispielsweise Schwule und Lesben in allen nordischen Ländern kirchlich heiraten, und unter norwegischen Bischöfen sind Frauen heute sogar in der Mehrzahl.

In den letzten Jahren kam es in Norwegen immer wieder zu öffentlichen Debatten über verschiedene muslimische Praktiken wie das Kopftuchtragen in der Schule, das Verbot, dem jeweils anderen Geschlecht die Hand zu geben, und getrennten Schwimmunterricht für Jungen und Mädchen. Viele wollen Respekt und Verständnis für religiöse Bräuche zeigen und versuchen daher, den Wünschen muslimischer Gemeinschaften so gut es geht entgegenzukommen. Doch hier gilt es, einen kühlen Kopf zu bewahren und unsere Prinzipien nicht zu vergessen: Die Schule zum Beispiel soll ein säkularer Raum sein. Kinder sollen keine religiöse Kleidung tragen, die sie am Spiel und an ihrer freien Entfaltung hindert. Und mit getrenntem Unterricht für Jungen und Mädchen sind wir schon seit fünfzig Jahren fertig.

Wir müssen uns gegen die männerdominierte Ehrkultur auflehnen. Heutzutage ist der Begriff fast ausschließlich mit islamischer Kultur und Erziehung verbunden, aber »Scham« und »Ehre« stellen das Rückgrat sämtlicher patriarchaler Kulturen dar, quer durch die Geschichte. Diese Begriffe dienen als Werkzeug, um die weibliche Sexualität zu kontrollieren.

In unserem Teil der Welt sind die Zeiten vorbei, als Ehrbarkeit und Scham den Maßstab für den Wert einer Frau vorgaben, und damit wollen wir erst gar nicht wieder anfangen. Wenn wir auf die Wünsche und Forderungen konservativer Einwandererkreise eingehen, lassen wir alle im Stich, die diese Praktiken von innen heraus verändern möchten. Frauen und Männer, die bereits viel dafür geopfert haben, die gleichen Freiheiten zu erlangen wie wir.

Solche Freiheitskämpfer*innen müssen wir unterstützen, nicht diejenigen, die sie in die Schranken weisen wollen.

Feministische Außenpolitik: Im Oktober 2014 führte Schweden als erstes Land der Welt eine »feministische Außenpolitik« ein. Seither sind schwedische Politiker*innen verpflichtet, in ihren Gesprächen mit politischen Führer*innen anderer Länder das Thema Gleichstellung aufzugreifen. Sie sollen fordern, dass allen Geschlechtern das Recht auf Ausbildung, Arbeit, Eheschließung, Scheidung und Erbeigentum eingeräumt wird. Außerdem sollen sie verlangen, dass Frauen überall repräsentiert sind, wo sie betreffende Entscheidungen fallen: in der Politik, im Staatsapparat und im Rechtssystem.

Von freien Frauen im Internet gelesen: In vielen Teilen der Welt führen Frauen ein isoliertes Leben ohne Zugang zu Information über den Feminismus und Geschlechtergleichstellung. Im Sommer 2019 wurde von den beiden saudi-arabischen Schwestern Dua (22) und Dalal (20) Al-Showaiki berichtet, die während eines Urlaubsaufenthalts in der Türkei vor ihrer Familie flüchteten. Den Schwestern zufolge wollte der Vater Dua mit einem religiösen Mann über fünfzig verheiraten und hatte regelmäßig heiratswillige Männer ins Haus der Familie eingeladen, um ihnen Dalal vorzuführen. Die Schwestern glaubten, überall auf der Welt hätten Frauen einen männlichen Vormund, der über ihr Leben bestimmt.

»Ich dachte, alle Frauen wären wie wir. Übers Internet haben wir dann erfahren, dass Frauen in anderen Ländern eigene Entscheidungen treffen können. Ich war echt schockiert. Ich hatte das Gefühl, die ganze Zeit blind gewesen zu sein«, erzählte Dua nach ihrer Flucht im Gespräch mit dem norwegischen Nachrichtensender NRK.

9. Behaltet euren Namen

»Wenn du deiner Zeit nicht voraus bist, kommt sie nie.«

Berit Ås (*1928),
norwegische Professorin

»Und wie heißt ihr dann?«

Diese Frage stellte mir ein ehemaliger Kollege ein paar Tage vor meiner Hochzeit. Zuerst verstand ich gar nicht, was er meinte. Ich war überhaupt nicht auf die Idee gekommen, dass mit der Eheschließung automatisch eine Namensänderung einhergeht. Ich sagte, dass ich selbstverständlich genau so heißen würde wie vorher.

»Ach so. Das hätte ich mir auch denken können. Dass *du* deinen Mädchennamen behältst«, sagte er und lächelte vielsagend.

Ich weiß noch, dass mich das ein bisschen ärgerte. Jetzt war mein Name also nur noch ein »Mädchenname«? Als wäre mein ganzes bisheriges Leben nur eine vorübergehende Phase gewesen. Als wären dreißigjährige Frauen »Mädchen«. Warum fragte niemand meinen zukünftigen Mann, ob er seinen »Jungennamen« behalten würde?

Jahrhundertelang haben sich Frauen der Namenspraxis einer männerdominierten Gesellschaft gefügt. Wir mussten unseren eigenen Namen streichen und bekamen einen neuen zugeteilt, der aller Welt zeigte, dass wir nun in die Familie des Ehemannes übergegangen waren. Eltern, die nur Töchter hatten, mussten es hinnehmen, dass ihr Name ausstarb.

1979 wurde das norwegische Namensgesetz geändert, seither tragen Frauen nicht mehr automatisch den Namen ihres Mannes. Aber es scheint fast so, als hätten die Norweger*innen von dieser Gesetzesänderung nichts mitbekommen, denn nach wie vor nehmen acht von zehn Norwegerinnen den Familiennamen ihres Mannes an. Die meisten Paare wählen auch den Familiennamen des Vaters für ihre Kinder. Auf die Frage nach dem Grund antworten viele Frauen, dass sie einen gemeinsamen Namen auf dem Klingelschild am praktischsten fänden. Manche erklären außerdem, der gemeinsame Name sei ihnen als Zeichen für die neue Familieneinheit wichtig, und der Namenswechsel sei für sie eine romantische Geste.

Romantisch, praktisch und einfach. Schön und gut. Aber das erklärt noch lange nicht, warum in achtzig Prozent der Fälle der Name des Mannes gewählt wird. Wäre es für ihn nicht genauso praktisch oder romantisch, den Namen zu wechseln? Oder: Wäre es nicht sogar viel romantischer? Durch einen so unkonventionellen Schritt, den Familiennamen der Ehefrau anzunehmen, würde er doch erst recht vor aller Welt seine Liebe zu ihr bezeugen. Und gleichzeitig zeigen, dass er mit ihr eine moderne, gleichgestellte Ehe eingehen will.

Wenn euer Mann also nicht gerade so einen fantastischen Namen wie Rockefeller, Vogelsang oder Von Krusenstjerna hat – behaltet euren Namen.

10. Lasst den Spiegel mal Spiegel sein

»Du *musst* nicht hübsch sein. Das schuldest du niemandem. Deinem Partner nicht, deinen Kollegen nicht und erst recht nicht irgendwelchen Männern auf der Straße. Schönheit ist keine Gebühr, die du erst mal bezahlen musst, bevor du einen Raum mit der Aufschrift ›Frau‹ einnimmst.«

Erin McKean (*1971),
amerikanische Bloggerin

»Trägst du ein neues Kleid? Steht dir!«
»Hast du abgenommen?«
»Schöne Frisur!«

So klingt es häufig, wenn wir Frauen zusammenkommen: Wir kommentieren unser äußeres Erscheinungsbild. Das gilt leider auch für unseren Umgang mit kleinen Mädchen: »Was bist du wieder schick! Und wie lang dein Haar geworden ist!« Auf diese Weise tragen wir, oft unbewusst, dazu bei, dass Mädchen schon früh die Idee vermittelt wird, ihr Aussehen wäre ungeheuer wichtig. Ja, vielleicht sogar das Wichtigste, was sie haben.

Über den Körper und das Selbstbild von Mädchen sind immer wieder niederschmetternde Geschichten zu lesen. Untersuchungen zufolge ist die Mehrheit aller norwegischen Mädchen zwischen dreizehn und neunzehn Jahren unzufrieden mit dem eigenen Körper. Viele verweigern die Nahrungsaufnahme oder entwickeln eine sogenannte *Orthorexie*, also eine krankhafte Fixierung auf gesunde Ernährung und Sport.

Untersuchungen, die in den Kinderabteilungen der größten Modeketten durchgeführt wurden, zeigen heute, dass sämtliche Mädchenhosen deutlich engere Bünde und Hosenbeine haben als Jungenhosen. Dabei sind die physischen Unterschiede zwischen Mädchen und Jungen in dem Alter eher unbedeutend. Die kleinen Mädchenkörper werden also in Kleidungsstücke gezwängt, die sich beim Spielen, Klettern und Laufen möglicherweise zu eng anfühlen. Und auf diese Weise signalisiert man Mädchen indirekt, ihre Körper seien zu groß.

Ein öffentlicher Austausch über solche Problemstellungen ist nicht immer so leicht. Die Diskussionen enden oft in albernen Gegenüberstellungen und Simplifizierungen. Kritisieren wir beispielsweise die Modebranche oder die Schönheitsindustrie, riskieren wir, wie schon erwähnt, als neidisch abgestempelt zu werden. »Feministinnen sind ja nur sauer, dass sie nicht selbst so hübsch sind!« Solche Argumente klingen kindisch, sind aber sehr weit verbreitet. Das erlebe ich immer wieder auf meinem Blog: Viele der Männer, die mich über die sozialen Medien kontaktieren, zeigen sich überaus interessiert am Aussehen der Debattierenden.

Oft gehören sie zu einer der folgenden drei Kategorien: Erstens Männer, die uns mitteilen, dass sie mit uns ins Bett wollen. Viele beschreiben auch genau, wie heftig es dabei zugehen soll. Zweitens Männer, die uns mitteilen, dass sie auf keinen Fall mit uns ins Bett wollen, gern auch unter Erwähnung der Gründe dafür. Diese beinhalten oft, dass wir »fett« oder »abstoßend« seien. Und schließlich Männer, die ihre Verwunderung darüber kundtun, dass überhaupt irgendwer mit uns ins Bett will: »Unglaublich, dass du einen abbekommen hast!«, »Der arme Kerl!« und so weiter.

»Männer müssen sich genauso viel Mist anhören wie Frauen, aber Frauen müssen sich *gegenderten* Mist anhören. Und in der Politik bedeutet das: Männer werden als Politiker kritisiert, ich hingegen als Person. Das eine zielt auf die Oberfläche ab, das andere nicht, und dieser Unterschied ist sehr wichtig.«

Tonje Brenna (*1987),
norwegische Politikerin

Im Sommer 2019 erregte der brasilianische Präsident Jair Bolsonaro weltweit Aufsehen, als er auf Facebook einen sexistischen Kommentar über Frankreichs First Lady Brigitte Macron veröffentlichte. Einige Jahre zuvor hatte er bereits über eine Parlamentskollegin gesagt, sie sei »selbst zum Vergewaltigen zu hässlich«. Auch US-Präsident Donald Trump ist für seine Bemerkungen über das Aussehen von Frauen, die er nicht mag, bekannt.

Mit dieser unfeinen Masche sind die sexistischen Präsidenten zweier Länder, die zu den größten der Welt gehören, nicht allein. Untersuchungen zeigen, dass in der Öffentlichkeit stehende Frauen deutlich mehr Kommentare zu ihrem Äußeren einstecken müssen als ihre männlichen Kollegen. Männer werden vor allem wegen ihrer Ansichten kritisiert, Frauen wegen ihres Geschlechts und Körpers.

Dass Frauen auf diese Art und Weise angegriffen werden, liegt vermutlich daran, dass man sie an ihrem wunden Punkt treffen will. Und der kann bei Frauen durchaus das Aussehen sein, immerhin wird uns von klein auf eingetrichtert, dass unser Wert in unserer Anziehungskraft auf Männer bestehe.

Jahrhundertelang sind Frauen vor allem dadurch zu finanzieller Sicherheit und mitunter zum Wohlstand gekommen, dass sie von einem Mann auserwählt wurden, der ihr genau das bieten konnte. Frauen, die in der Männerwelt als unattraktiv galten, fielen durch und waren historisch gesehen oft zu einem Leben am Rande der Gemeinschaft verdammt. Eine unverheiratete Frau hatte automatisch einen niedrigeren Gesellschaftsstatus und Lebensstandard. Und genau diese enge Verbindung zwischen dem äußeren Erscheinungsbild und dem allgemeinen Ansehen einer Frau ist der Grund dafür, dass bestimmte Frauen seit jeher durch Angriffe auf ihr Äußeres angegangen werden.

In Diskussionen zum weiblichen Schönheitsideal wird oft behauptet, wir Frauen hätten das Glück, über sogenanntes »erotisches Kapital« zu verfügen. Mit anderen Worten: Die Tatsache, dass wir begehrt werden, verschafft uns angeblich eine Reihe von Vorteilen in der Gesellschaft.

Dass schöne Menschen gewisse Vorteile in der Gesellschaft haben, und zwar unabhängig vom Geschlecht, steht außer Zweifel. Trotzdem fand ich solche Aussagen schon immer fragwürdig. Meiner Meinung nach ist es eher so, dass dieses »Kapital« den wenigsten Frauen tatsächlich etwas bringt. Davon können viele hübsche und unterbezahlte Vorschullehrerinnen, Reinigungskräfte und Krankenpflegehelferinnen sicher ein Lied singen. Ich würde sogar meinen, dass das Streben nach diesem Hochglanzfrauenideal mit allem, was an Aussehenspflege, teuren Produkten und Minderwertigkeitskomplexen dazugehört, die meisten Frauen im Gegenteil ziemlich viel kostet.

Die amerikanische Feministin und Autorin Naomi Wolf schreibt in ihrem Buch *The Beauty Myth* (1990; *Der Mythos Schönheit*), dass der Druck auf das weibliche Äußere als neuer Kontrollmechanismus fungiere, seit die Frau sich von ihrem Platz in der Küche abgewandt hat. Wolf zufolge sind heutige Frauen in Hinblick auf ihr Verhältnis zum eigenen Körper und Aussehen schlechter dran als ihre unemanzipierten Großmütter, denn selbst noch so erfolgreiche, attraktive und scheinbar selbstbewusste Frauen führen, so Wolf, ein »Leben im Verborgenen«, das ihnen die Freiheit verpeste. Sie sind erfüllt von Hass auf ihren Körper und Angst vor dem Altern, und obendrein schämen sie sich für diese Gefühle.

»Ich glaube, Norwegen gehört zu den wenigen Ländern der Welt, in denen man eine übergewichtige, alleinstehende Frau und gleichzeitig Parteivorsitzende sein kann.«

Trine Skei Grande (*1969),
norwegische Kulturministerin

Mir ist schon manches Mal zu Ohren gekommen, dass Norwegerinnen angeblich »zu wenig aus sich machen«. Dass wir uns mit unseren Fleecejacken, Rucksäcken und bequemen Schuhen viel zu *praktisch* kleiden.

»Warum könnt ihr nicht ein bisschen mehr wie die Südeuropäerinnen sein?«, fragen kritische Stimmen und meinen damit Frauen, die mit Kostümchen, Lippenstift und hohen Schuhen zur Arbeit kommen.

»Warum? Weil wir nicht *müssen*!«

Wir haben nämlich Gesetze und Regeln, die dafür sorgen, dass Arbeitnehmer*innen aufgrund ihres Geschlechts weder unterschiedlich behandelt noch unnötigen Unannehmlichkeiten ausgesetzt werden dürfen. Wisst ihr eigentlich, wie die Füße von Frauen aussehen, die ein ganzes Arbeitsleben lang auf hohen Absätzen herumstolziert sind?, würde man da am liebsten zurückfragen. Der Anblick ist alles andere als schön.

Wenn ein Mann uns wegen unseres praktischen Schuhwerks verschmäht, kommen wir ausgezeichnet auch ohne ihn zurecht. Wie Virginia Woolf so treffend sagte, nachdem sie zu finanzieller Unabhängigkeit gekommen war: »Ich brauche keinem Mann zu schmeicheln, er hat mir nichts zu geben.«

Vielerorts haben Frauen in dieser Hinsicht gar keine Wahl. In Japan beispielsweise gilt es als geradezu unhöflich, wenn eine Frau in flachen Schuhen zur Arbeit kommt. Im Januar 2019 startete die Japanerin Yumi Ishikawa deshalb eine Kampagne gegen das High-Heels-Gebot am Arbeitsplatz. Sie verwendete den Hashtag #KuToo, der auf die Wörter kutsu (Schuh) und kutsū (Schmerz) verweist. Der Tweet wurde 30.000 Mal geteilt, und Ishikawa erhielt enorme Unterstützung für ihre Initiative.

In Russland arbeiten mächtige Kräfte daran, dass traditionelle Rollenmuster auch äußerlich beibehalten werden. Als ich das Land im Juni 2019 besuchte, traf ich eine Kunstkuratorin, die heftig angegangen wurde, nachdem sie sich die Haare hatte kurz schneiden lassen. Das wurde als Provokation aufgefasst.

Einen Monat vorher hatte der russische Aluminiumproduzent Tatprof weltweit für Wirbel gesorgt, als herauskam, dass die Firma weiblichen Angestellten einen Bonus von hundert Rubeln am Tag zahlt, wenn sie sich schminken und einen Rock oder ein Kleid tragen. Der Direktor des Unternehmens hatte nämlich Sorge, dass »die Geschlechter allmählich zu gleich werden«.

In Teilen der Modebranche ist in den letzten Jahren zum Glück ein etwas frauenfreundlicheres und körperpositiveres Klima aufgekommen. Endlich wird die Vielfalt verschiedener Körperformen, Altersgruppen und Hautfarben unter den Models größer. Darüber hinaus zeigen inzwischen viele Frauen ihren normalen Körper, indem sie beispielsweise auf Instagram und Facebook Fotos ihrer ungeschminkten Gesichter hochladen oder den Filter weglassen. »Sei stolz auf deinen Körper!«, lautet die Botschaft oft. Und das kommt an: Wir sehnen uns nach Normalität und echten Menschen und haben die Nase gestrichen voll von Perfektion und retuschierten Bildern.

Anstatt uns aber gegenseitig aufzufordern, »stolz auf unseren Körper« zu sein, sollten wir uns vielleicht öfter gegenseitig ermuntern, unseren Selbstwert nicht in erster Linie über den Körper und das Aussehen zu beziehen. Den Blick mal über den Tellerrand heben und uns auf andere Werte, andere Eigenschaften, andere Talente konzentrieren. Öfter mal lachen, ein Buch lesen, ein Stück Kuchen essen. Vergesst den Körper! Das sollten sich viel mehr von uns zu Herzen nehmen, finde ich.

Wir müssen uns gegenseitig daran erinnern, dass »angeschaut werden« nicht gleichbedeutend ist mit »gesehen werden«.

Außerdem dürfen wir auf keinen Fall vergessen, wie viele tatsächlich auch wirtschaftliche Interessen an unserem negativen Selbstbild haben. Würden sämtliche Frauen auf der Welt eines Morgens aufwachen und plötzlich toll finden, was sie im Spiegel sehen, tja, dann würden milliardenschwere Industrien einfach in sich zusammenfallen. Die Schönheitsbranche stünde vor dem Armageddon!

Seid öfter mal nackt! Es scheint fast so, als hätten die Leute vor ein paar Jahrzehnten noch ein entspannteres Verhältnis zum eigenen Körper gehabt: In öffentlichen Schwimmbädern wurde nackt geduscht, und in vielen westlichen Ländern war es ganz normal, oben ohne am Strand zu liegen. Heute hingegen duschen viele Jugendliche nach dem Sportunterricht entweder gar nicht oder nur in Unterwäsche. Das Verhältnis zu nackter Haut ist angestrengter.
Wenn Kinder und Jugendliche in den Medien (und in Pornos) immer nur perfekte Idealkörper zu sehen bekommen, nie aber ganz normale nackte Menschen, dann riskieren wir, dass sie ein unnatürliches Körperbewusstsein entwickeln. Also lasst uns unsere Scham vergessen und uns öfter mal ausziehen.

Wenn eine Freundin ihr Profilbild in den sozialen Medien ändert: Wie wäre es zur Abwechslung mit einem Kompliment zu etwas *anderem* als ihrem Äußeren? Warum nicht zum Beispiel mal anmerken, wie engagiert, loyal, entschlossen oder inspirierend sie ist?

RUSSISCHE ZUSTÄNDE

VON JENNY JORDAHL
MIT MARTA BREEN

Q&A IN RUSSLAND
MARTA BREEN
JENNY JORDAHL

IST ES LEGAL, AN NOR-WEGISCHEN SCHULEN ÜBER FEMINISMUS ZU REDEN?
WIE HABEN IHRE ELTERN REAGIERT, ALS SIE ERFUHREN, DASS SIE FEMINISTINNEN SIND?
BEKOMMEN SIE VIELE DROHUNGEN?
WIE HABEN SIE MÄNNER DAZU GEBRACHT, SICH FÜR ZEIT MIT DER FAMILIE ZU INTERESSIEREN?

IST ES SCHWIERIG, DEN FEMI-NISMUS UND DAS SCHREIBEN MIT IHREM PRIVATLEBEN ZU VEREINBAREN?
MARTA BREEN
JENNY JORDAHL
MARTA BREEN
JENNY JORDAHL
NEIN.
MARTA BREEN
JENNY JORDAHL
Jenny Jordahl

IHR BUCH IST WEGEN DES KAPITELS ÜBER DIE RECHTE HOMOSEXUELLER ERST AB 18 FREIGEGEBEN.
... ABER ES HÄTTE AUCH SONST EINE ALTERSBESCHRÄNKUNG BEKOMMEN, DENN ES ENTHÄLT EINE ILLUSTRATION VON ZWEI HASEN BEIM SEX.

WAS HÄLT DIE NORWEGISCHE REGIERUNG VON FEMINISTISCHEN COMICS?
WERDEN SIE ZENSIERT?
ÄHM ... NEIN.
ICH HABE DIESES JAHR SOGAR EIN OFFIZIELLES DOKUMENT ILLUSTRIERT.
UND ZWAR DEN REGIERUNGSPLAN FÜR DIE NORWEGISCHE KULTURPOLITIK.
SIE WOLLTEN MICH GERADE WEGEN MEINER FEMINISTISCHEN COMICS.
...
IST DAS IHR ERNST?

ICH BIN DURCH MEINEN KURZHAARSCHNITT ZUR FEMINISTIN GEWORDEN.
DIE LEUTE HABEN NACH DEM GRUND DAFÜR GEFRAGT, OB ICH KRANK SEI ODER ABSICHTLICH SO HÄSSLICH AUSSEHEN WOLLE!
SIE DACHTEN, MIT MIR STIMMTE WAS NICHT.

AN RUSSISCHEN SCHULEN WERDEN JUNGEN UND MÄDCHEN ZUM TEIL GETRENNT UNTERRICHTET.
JUNGEN LERNEN ALLES ÜBER HOLZHACKEN UND KRIEG UND WAFFEN.
MÄDCHEN LERNEN NÄHEN.

SIE GEHÖRT ZU DEN BEKANNTESTEN FEMINISTINNEN IN RUSSLAND.
SIE IST TOTAL AGGRESSIV UND KRÄFTIG!
ICH BIN ES ECHT LEID ... ICH WEISS NICHT, OB ICH DAS NOCH MACHEN KANN.
DIESE GANZE HETZE ... DAS IST MANCHMAL ALLES ZU VIEL.
ICH BIN'S EINFACH ...
...
SO LEID.

HÄUSLICHE GEWALT IST HIER PRAKTISCH AKZEPTIERT.
MAN BEKOMMT EIN BUSSGELD, ABER DAS WAR'S.
UND DANN GEHT MAN EINFACH WIEDER NACH HAUSE.
FEMINIST

ICH HOFFE, DIESE STARKEN FRAUEN KÖNNEN DICH INSPIRIEREN.
DAS HABEN SIE SCHON!

... UND DANN HABEN WIR NOCH DIESEN COMIC ÜBER ALEXANDRA KOLLONTAI GEMACHT!!!
ALEXANDRA KOLLONTAJ

KENNT DIE HIER IRGENDWER?

ICH HATTE TUBERKULOSE ... DAGEGEN GIBT ES IN RUSSLAND SEHR VIELE VORURTEILE. ICH MÖCHTE OFFEN DARÜBER REDEN UND DER KRANKHEIT EIN GESICHT GEBEN.

AUSSERDEM BIN ICH SCHWUL UND GEHE DAMIT AUCH OFFEN UM. TJA, ALSO ...
SIE HASSEN MICH.

DER FILM "ROCKETMAN" ÜBER ELTON JOHN IST IN RUSSLAND KÜRZER. SZENEN MIT HOMOSEXUELLEM INHALT WURDEN RAUSGESCHNITTEN.

SEIT DEM KRIEG MIT DER UKRAINE IST ALLES ANDERS. PUTIN HAT DEN KRIEG BENUTZT, UM DAS LAND ZU EINEN.
GEGEN KRITIKER UND OPPOSITIONELLE IST ER MIT GNADENLOSER HÄRTE VORGEGANGEN. MEINE ARBEIT ALS JOURNALISTIN MUSSTE ICH AUFGEBEN.
DAS WAR NICHT MEHR SICHER.

AN DEM TAG, ALS WIR NACH RUSSLAND KAMEN, WURDE DER LIBERALE JOURNALIST IWAN GOLUNOW UNTER FALSCHER ANKLAGE VERHAFTET. GOLUNOW BETREIBT INVESTIGATIVEN JOURNALISMUS UND SCHREIBT REGIERUNGSKRITISCHE ARTIKEL.

MITHILFE VON GEFÄLSCHTEN FOTO-BEWEISEN WOLLTE DIE POLIZEI IHM EIN GANZES DROGENLABOR IN SEINER WOHNUNG ANHÄNGEN.

(ICH HABE "BREAKING BAD" GESEHEN UND WEISS, WIE SCHWER EINE DROGENKARRIERE MIT EINEM VOLLZEITJOB UNTER EINEN HUT ZU KRIEGEN IST.)

VIELE SIND IN AUFRUHR, ABER IN RUSSLAND HERRSCHT DEMONSTRATIONSVERBOT. ES DARF IMMER NUR EINE PERSON MIT HÖCHSTENS EINEM PLAKAT DEMONSTRIEREN.

UNTERSTÜTZER*INNEN DER DEMONSTRATION MÜSSEN MINDESTENS 50 METER ABSTAND HALTEN.

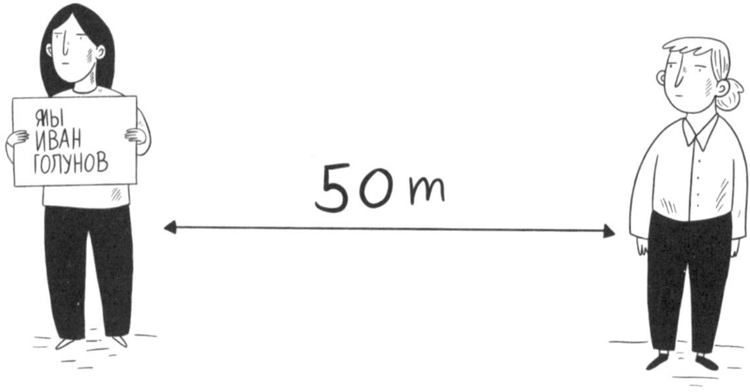

DESHALB STEHEN DIE LEUTE QUER DURCH MOSKAU SCHLANGE, UM SICH MIT DEM PLAKAT ABZUWECHSELN.
ИВАН
ГОЛУНОВ
Jenny Jordahl

SORRY FÜR DIE VERSPÄTUNG!
ICH MUSSTE ZWEI STUNDEN WARTEN,
UM DAS POSTER FÜR GOLUNOW ZU HALTEN!

AM TAG UNSERER ABREISE WURDE GOLUNOW AUF MASSIVEN DRUCK DER BEVÖLKERUNG FREIGELASSEN.

ZURÜCK IN NORWEGEN

IHR BUCH IST WEGEN DES KAPITELS ÜBER DIE RECHTE HOMOSEXUELLER ERST AB 18 FREIGEGEBEN.

ABER ES HÄTTE AUCH SONST EINE ALTERSBESCHRÄNKUNG BEKOMMEN, DENN ES ENTHÄLT EINE ILLUSTRATION VON ZWEI HASEN BEIM SEX.

11. Seid farbenblind

»Die Seele hat kein Geschlecht.«

Kristina (1626–1689),
schwedische Königin

Vergleicht man heutige Grundschulklassenfotos mit ähnlichen Bildern von vor dreißig Jahren, fällt besonders eins auf: Der Unterschied zwischen Jungen und Mädchen ist deutlicher geworden. Kurzhaarschnitte bei Mädchen, die früher gang und gäbe waren, sind inzwischen zu einer Seltenheit geworden. Und die recht einheitlichen Farben, in die man Kinder früher noch kleidete, sind heute einer viel geschlechtsspezifischeren Kindermode gewichen. Jungen werden oft dunkle Farben wie Blau, Grau und Grün angezogen, während man bei Mädchen zu »feminineren« Farben wie Rosa, Lila und Rot greift. Die Kinder von heute wachsen in einem extrem *gegenderten* Universum auf, in dem ihnen von der Kleidung bis zum Rucksack, vom Besteck bis hin zu den Kinderbüchern alles um sie herum diktieren will, dass sie entweder ein Pirat oder eine Prinzessin sind. Zahnpastatuben, Eierkartons, Liederbücher und Frühstücksflocken, ja, sogar Bibeln sind heutzutage in Mädchen- und Jungenvarianten unterteilt. Diese Produkte vermitteln Kindern auf unmissverständliche Weise, dass Geschlechtsunterschiede von *großer* Bedeutung sind und dass Mädchen und Jungen *nicht* mit denselben Sachen spielen können. Für viele Eltern ist es wohl ein müßiges Unterfangen, den Kampf mit dieser Industrie aufzunehmen. Wer sich ein einigermaßen geschlechtsneutrales Kinderzimmer wünscht, hat fast keine andere Wahl, als auf eine einsame Insel zu ziehen.

Ginge es hier allein um Farben, wäre das Ganze nicht der Rede wert. Aus den rosafarbenen und blauen Klamotten sind die Kinder schließlich schnell herausgewachsen. Doch mit dieser Aufteilung ist leider noch einiges mehr verbunden: Während Mädchen durch die rosafarbene Prinzessinnenkultur zu einer passiven Rolle erzogen werden, für die es wichtig ist, sich herauszuputzen und als hübsch wahrgenommen zu werden, regt die blaue Piratenkultur Jungen eher zum Ausleben einer aktiven Rolle an. Teilen wir unserer Kinder in diese beiden Welten ein, rauben wir ihnen Wahlmöglichkeiten. Es wäre naiv zu glauben, aus einer rosafarbenen bzw. blauen Kindheit gefolgt von einer durchsexualisierten Jugend könnten freie Erwachsene hervorgehen, für die solche Unterschiede keinerlei Rolle spielen.

Im November 2019 publizierte das norwegische Gleichstellungsministerium einen Bericht zu diesem Thema. Dafür waren die Oberstufenschüler*innen einer weiterführenden Schule in Trondheim zu den Anforderungen und Erwartungen befragt worden, die ihrer Meinung nach heutzutage an Mädchen bzw. Jungen gestellt werden. Den Schüler*innen zufolge sollen Mädchen vor allem gute Leistungen in der Schule erbringen, den Jungen helfen – ohne dabei dominant aufzutreten oder die Führung zu übernehmen –, einfühlsam, lieb, hübsch und sexy sein, Rundungen haben (aber trotzdem schlank sein), gut in Form sein und sich immer schön schminken. Zu den Erwartungen an die Jungen gab es ebenso klare Aussagen: Sie sollen praktisch veranlagt, sportlich, gut in naturwissenschaftlichen Fächern, muskulös und maskulin sein; viel Raum einnehmen, nicht zu nerdig sein und keine Gefühle zeigen.

Diese rigiden Rollenmuster stehen in krassem Kontrast zu dem, was Lehrer und Eltern den Jugendlichen oft zu vermitteln versuchen, nämlich, dass sie in der Wahl ihres Lebenswegs, ihrer Interessen und beruflichen Laufbahn frei sind. Es ist wichtig, dass wir als Eltern die stereotypen Rollenmuster der Gesellschaft nicht weiter verstärken. Deshalb sollten wir bewusst darauf achten, dieselben Anforderungen an unsere Söhne und Töchter zu stellen. Wird von den Mädchen erwartet, dass sie im Haushalt und beim Kochen mithelfen, dann darf bei den Jungs keine Ausnahme gemacht werden. Wir sollten keine unterschiedlichen Ausgehzeiten oder andere geschlechtsspezifische Regeln unter Geschwistern einführen. Und auf Bemerkungen wie »Große Jungs weinen nicht!« oder »So etwas macht aber kein Mädchen!«, bei denen das Geschlecht der Kinder gegen sie verwendet wird, unbedingt verzichten. Gegner des Feminismus sprechen immer von der Gefahr, dass »die Geschlechter zu gleich« werden, und sie fürchten eine »geschlechtslose« Gesellschaft. Ich persönlich fürchte eher das Gegenteil: eine Überbetonung der Unterschiede. Gelegentlich vermisse ich Räume, in denen das Geschlecht keine Rolle spielt und wir uns einfach als Schwestern und Brüder begegnen, den Blick vor allem auf unsere Gemeinsamkeiten gerichtet. Denn die überwiegen ja schließlich.

Auf Kosenamen wie »meine kleine Prinzessin« für Mädchen oder »mein Starker« für Jungen lieber verzichten. Und wenn das nächste Mal ein kleiner Junge Geburtstag feiert, warum nicht mal einen schönen rosa Teddy als Geschenk besorgen, oder einen Fußball für ein kleines Mädchen?

12. Kennt euren Körper

»Wie viele schwanzlutschende Frauen kommen auf einen muschileckenden Mann? Ich frage ja nur, ich will nur wissen: Wann wird diese Schuld beglichen?«

Helene Guåker (*1983),
norwegische Autorin und Dichterin

Tage. Regel. Erdbeerwoche. Besuch von Tante Rosa. Die Indianer im Dorf. Das sind nur einige der vielen Umschreibungen, mit denen man sich behilft, um nicht das schreckliche Wort »Menstruation« in den Mund nehmen zu müssen. Seit Jahrhunderten ist die monatliche Blutung der Frau mit Tabus belegt. Auch wenn die Hälfte der Weltbevölkerung fünf bis sieben Tage im Monat blutet und das über dreißig Jahre im Laufe eines Lebens, tun wir so, als würde das Phänomen nicht existieren. Die Menstruation mit allem, was dazugehört, ist ganz einfach ein echtes Tabuthema: sie zu haben, darüber zu reden und – nicht zuletzt – sie sichtbar zu machen. In der Werbung sind wir inzwischen daran gewöhnt, sie als hellblaue Flüssigkeit vorgeführt zu bekommen. Und wie viel Energie verwenden wir Frauen nicht selbst auf das Vertuschen der Tatsache, dass wir gerade bluten! Wir füllen den Einkaufskorb mit lauter Produkten, die wir eigentlich nicht brauchen, nur um die Packung Binden zu verstecken, die der eigentliche Grund für unseren Einkauf ist. Wir stehen im Bad und schrubben das Bettlaken, damit niemand die frischen Blutflecken darauf sieht. In der hintersten Ecke des Raumes wird geflüstert, während Tampons unter Pulten und Kantinentischen die Besitzerin wechseln. Als würden wir mit Drogen dealen.

Was menstruierende Mädchen zu tun und zu lassen haben, war schon immer von allerlei Mythen umrankt. Viele glauben, während der Menstruation könne man weder schwimmen gehen noch Sex haben. Zudem wurde die Monatsblutung in der Vergangenheit als Argument herangezogen, um Frauen aus der Politik auszuschließen. Noch 1970 erregte der amerikanische Arzt und Demokrat Edgar Berman mit der Aussage Aufmerksamkeit, er könne sich keine Frau an der Regierungsspitze der USA vorstellen, da das prämenstruelle »Verrücktspielen ihrer Hormone« während einer nationalen Krise eine Gefährdung für das Wohlergehen und die Sicherheit der Bevölkerung sei.

Inzwischen scheint das Tabu um die Menstruation jedoch vielerorts endlich zu bröckeln. Im Laufe der letzten Jahre hat sich nämlich eine menstruale Kulturrevolution vollzogen: Plötzlich gibt es Fernsehprogramme, Podcasts, Kunstausstellungen und Comics zum Thema Menstruation. Ja, sogar Menstruationsaktivistinnen! Wie die kanadische Fotografin und Poetin Rupi Kaur zum Beispiel. Sie veröffentlichte 2015 ein Foto auf Instagram, das eine schlafende Frau mit einem kleinen Blutfleck an der Hose und auf dem Bettlaken unter sich zeigt. Das Bild wurde zweimal gelöscht, da es angeblich gegen die Richtlinien von Instagram verstieß. Daraufhin postete Rupi Kaur einen Brief, in dem sie Instagram dafür kritisierte, dass Bilder von Frauen in

Unterwäsche und Bikini offenbar akzeptiert seien, nicht aber eine ganz normale Trainingshose, in der ein bisschen was danebengegangen ist. Dieser Beitrag wurde Tausende Male geteilt, bis Instagram schließlich nachgab und sich bei ihr entschuldigte.

Später im selben Jahr machte die sechsundzwanzigjährige Kiran Gandhi Schlagzeilen, die ein Jahr lang für ihren ersten Marathon in London trainiert hatte. Als der große Tag gekommen war, setzte ihre Menstruation ein. Der Gedanke daran, dass sie eine so lange Strecke mit einem Tampon oder einer Binde zwischen den Beinen zurücklegen sollte, bereitete ihr Kopfzerbrechen:

»Ich stellte mir vor, dass das doch sicher scheuern oder einfach ziemlich unangenehm werden würde und dass ich ja außerdem Pausen zum Wechseln einlegen müsste. Aber ich wollte einfach laufen und frei sein!«, sagte Gandhi. Gleichzeitig musste sie an all die Frauen auf der Welt denken, die keinen Zugang zu Tampons oder anderen Hilfsmitteln haben. Oder die sich solche Produkte ganz einfach nicht leisten können. Also beschloss sie, ohne Tampon an den Start zu gehen, um auf die schwierigen Seiten der Menstruation aufmerksam zu machen. Während des Laufs reagierten Zuschauer und andere Läufer mit abfälligen Bemerkungen und Schnauben auf die immer deutlicher hervortretenden Blutflecke auf Gandhis Kleidung. Doch nachdem sie fast fünf Stunden auf den Straßen von London im wahrsten Sinne des Wortes Blut und Wasser geschwitzt hatte, konnte sie schließlich ins Ziel einlaufen und zufrieden feststellen, dass ihre wichtige Botschaft auf der ganzen Welt durch die Presse gegangen war.

Was die Problematik der Menstruation betrifft, ist nach wie vor einiges zu tun. Mangelnder Zugang zu Wassertoiletten, privaten Rückzugsorten und Hygieneartikeln erschweren sehr vielen Frauen während ihrer Monatsblutung die uneingeschränkte Teilnahme am gesellschaftlichen Leben. In diversen Ländern ist die Menstruation nach wie vor ein solches Tabu, dass die Frauen selbst kaum in der Lage sind, auf die Probleme aufmerksam zu machen. Für viele Mädchen endet daher die Schullaufbahn, sobald ihre Menstruation zum ersten Mal einsetzt.

Die Vereinten Nationen rufen jedes Jahr ein Internationales Jahr aus, das ein bestimmtes Thema in den Fokus rückt. Wusstet ihr zum Beispiel, dass 2013 das Internationale Jahr der Quinoa war? Genau, das sind diese kleinen essbaren Kügelchen, die ein bisschen an Reis erinnern. Zuvor hatte es schon das Internationale Jahr der Kartoffel, das Internationale Jahr der Jugend und das Internationale Jahr der Fledermaus gegeben. Wie wäre es mal mit einem ganzen Jahr nur für die Menstruation? Dann kämen Könige und Ministerpräsidenten nicht drum herum, das Tabuwort in ihren Neujahrsreden in den Mund zu nehmen, und mit der »Erdbeerwoche« wäre ein für alle Mal Schluss.

Man darf ja noch träumen.

»Es sollte verboten sein, keinen Sex vor der Ehe zu haben.«

Kim Friele (*1935),
norwegische Aktivistin

Im Laufe der Geschichte hat es die verschiedensten Fehlinformationen zum Frauenkörper und zur weiblichen Sexualität gegeben. Immer wieder wurden von Ärzten,

Gynäkologen und Wissenschaftlern neue Theorien aufgestellt, die stets stark vom jeweils aktuellen Frauenbild geprägt waren. Die Klitoris zum Beispiel war mal Teil der Geschichte und mal nicht. Über weite Teile des neunzehnten Jahrhunderts hinweg war die Vorstellung verbreitet, dass es so etwas wie eine weibliche Sexualität überhaupt nicht gebe. Und zeigte eine Frau dennoch sexuelles Interesse, riskierte sie, mit der Diagnose Nymphomanie versehen zu werden.

In den Biologiebüchern früherer Zeiten wurde das weibliche Geschlechtsorgan normalerweise als »Loch« oder einfach als Scheide beschrieben, deren Zweck einzig und allein darin besteht, von einem Penis ausgefüllt zu werden. Den äußeren Geschlechtsteilen – auch Vulva genannt – wurde weitaus weniger Aufmerksamkeit gewidmet. Maßgeblich für die vorherrschende Vorstellung von Sex waren Erektion, Penetration und der männliche Orgasmus.

Mitte der Siebzigerjahre erschien das Erfolgsbuch *Kvinne kjenn din kropp* (*Frau, kenn deinen Körper*), geschrieben und herausgegeben von Vertreterinnen der dänischen und norwegischen Frauenbewegung. Darin heißt es unter anderem:

»Die wenigsten Frauen verfallen jauchzend in Orgasmen, nur weil man ihnen einen Penis in die Scheide steckt. Dann müssten Männer ja auch durch das Küssen unserer Klitoris zum Höhepunkt kommen.«

Das Buch forderte Frauen dazu auf, sich ihre Sexualität zurückzuerobern, von Männern, der Kirche und medizinischen Fachleuten. Das Machtverhältnis im Schlafzimmer sollte verschoben und die Befriedigung der Frau auf die Tagesordnung gesetzt werden. Bisher hatten Frauen immer zu hören bekommen, dass mit ihnen etwas nicht stimmt, wenn sie durch vaginalen Geschlechtsverkehr nicht zum Höhepunkt kamen. Dann hatte die Frau eben *Orgasmusschwierigkeiten*. Dabei verhielt es sich wohl eher so, dass der Mann eher schlecht als recht über die Klitoris Bescheid wusste. Für viele Frauen bereitete die neue Offenheit den Weg zu einer sexuellen Revolution.

Gynäkologische Fragen und die Reproduktionsrechte der Frau gehören immer noch zu den kontroversesten Themen in der Gleichstellungsdebatte. Die kulturellen Unterschiede auf diesem Gebiet sind enorm:

In Norwegen übernimmt der Staat die Verhütungskosten von 16- bis 22-jährigen Frauen ganz oder zum Teil, während in anderen Ländern Verhütung nach wie vor verboten ist. Sehr viele Frauen können noch immer nicht selbst entscheiden, wen sie heiraten wollen, mit wem sie Sex haben oder wann sie schwanger werden möchten.

In Russland versucht die derzeitige Regierung, korrekte und vorurteilsfreie Informationen über Sexualität von Kindern und Jugendlichen fernzuhalten. Die Verlage sind gesetzlich an gewisse Altersgrenzen gebunden, weshalb der norwegische Bestseller *Gleden med skjeden* (dt. *Viva la Vagina. Alles über das weibliche Geschlecht*) sowie unser Buch *Kvinner i kamp* (*Rebellische Frauen. 150 Jahre Kampf für Freiheit, Gleichheit, Schwesterlichkeit*) in Russland erst ab achtzehn freigegeben sind. Außerdem wurde für die russische Ausgabe des internationalen Bestsellers *Good Night Stories for Rebel Girls* die Geschichte über die Transfrau Marsha P. Johnson herausgenommen, genau wie eine Reihe Szenen aus dem Elton-John-Film »Rocketman«, in denen es um Homosexualität geht.

Diese Entwicklung ist bedenklich. Informationsmangel kann bei jungen Menschen Scham und Unsicherheit in Bezug auf die eigene Sexualität auslösen, und ohne gute Fachbücher stellen Pornos die Hauptquelle dar, aus der Jugendliche ihr Wissen über Sex beziehen. Und die Fehlinformationen, die darin verbreitet werden, sind noch massiver als die der alten Anatomiebücher.

Die Pornobranche befindet sich zum größten Teil in männlicher Hand, die Filme werden in der Regel von Männern für Männer gemacht. Das führt dazu, dass männliche Vorlieben im Mittelpunkt stehen. Untersuchungen zufolge sehen Kinder und Jugendliche immer mehr Pornos, und hier wird das Ungleichgewicht besonders problematisch. Denn machen wir nicht einen Rückschritt, wenn wir die Sexualaufklärung nun wieder in erster Linie Männern überlassen und die männliche Sexualität das Maß aller Dinge darstellt?

»Männer mögen angeblich starke, unabhängige Frauen. Aber das stimmt nicht. Ich habe Pornos gesehen. Männer stehen auf asiatische Schulmädchen mit Gaffa-Tape über dem Mund.«

Whitney Cummings (*1982),
amerikanische Komikerin

Frauenkrankheiten = wenig Prestige: Traditionell wird bei weitem nicht so viel zu »typischen Frauenkrankheiten« geforscht wie zu »typischen Männerkrankheiten«. Als Erklärung dafür wird oft das Prestige der einzelnen Fachbereiche in medizinischen Kreisen angeführt. Noch immer gibt es erschreckend wenig Fachwissen über gynäkologische Beschwerden wie beispielsweise Endometriose – eine Krankheit, bei der sich Zellen aus der Gebärmutterschleimhaut an anderen Stellen im Unterleib ansiedeln. Dies führt oft zu starken Schmerzen bei der Menstruation und beim Geschlechtsverkehr.

Das Jungfernhäutchen gibt es nicht: In mehreren großen Weltreligionen spielt der Frauenkörper und dessen »Reinheit« eine wichtige Rolle. Das hat zu einem immensen Fokus auf die Unberührtheit der Frau geführt. Rein physisch basiert das Phänomen der Jungfräulichkeit jedoch auf einem Irrglauben: Ein Jungfernhäutchen, das beim ersten Geschlechtsverkehr reißt, wie vielen beigebracht wird, *gibt* es nicht. Stattdessen verfügen wir über einen sogenannten Scheidenkranz. Diese elastische Hautfalte kann sich sehr stark dehnen, ohne dass es zu Rissen oder Blutungen kommt. Daher kann niemand erkennen oder durch Untersuchungen feststellen, ob eine Frau Geschlechtsverkehr hatte oder nicht.

SheDecides ist eine internationale Bewegung mit Ursprung in den USA. Sie entstand als Reaktion auf Präsident Donald Trumps Anordnung, dass keine amerikanischen Gelder mehr an Organisationen fließen sollen, die Abtreibungen vornehmen oder über die Eingriffe informieren. Mit einer einzigen Unterschrift sorgte er dafür, dass der Zugang zu Verhütungsmitteln, Sexualunterricht und anderen wichtigen Gesundheitsmaßnahmen in Entwicklungsländern drastisch zurückging. SheDecides sammelt Spenden und bittet um politische Unterstützung, um die vielen guten Angebote zu retten, deren Existenz nun bedroht ist.
Wenn auch ihr findet, dass alle Mädchen und Frauen das Recht haben sollten, selbst über ihren Körper und ihre Zukunft zu bestimmen, könnt ihr die Seite shedecides.com aufrufen und dort das Manifest unterschreiben.

Nicht vergessen: Ein Mann, der nie eine Frau oral befriedigen würde, verdient auch keinen Blowjob.

13. Legt euch neue Wörter zu

»Begriffe können Türen öffnen, sie können Handlungen motivieren, sie können uns auf die Schulter tippen und darauf aufmerksam machen, dass es auch noch andere Möglichkeiten gibt.«

 Wencke Mühleisen (*1953),
norwegische Autorin

»Wenn ich noch einmal das Wort ›Patriarchat‹ höre, kommt es mir hoch!«

Das sagte ein Kollege von mir vor ein paar Jahren. Er war der Meinung, das Wort sei in der heutigen norwegischen Gesellschaft nicht mehr relevant. Ich mochte ihn gern und wollte, dass er mich auch mochte. Und einen kurzen Augenblick dachte ich darüber nach, das Reizwort aus meinem Vokabular zu verbannen.

Aber nur ganz kurz. Denn es ist einfach ein ziemlich treffender Begriff, wie ich finde. Wenn von der Existenz eines Patriacharts gesprochen wird, soll damit nicht etwa gesagt werden, dass sämtliche Männer Macht über sämtliche Frauen ausüben. Oder dass Männer die Gewinner und Frauen die Verliererinnen der Gesellschaft sind. Vielmehr verweist der Begriff auf das Vorhandensein bestimmter Gesellschaftsstrukturen, die der Gruppe der Männer eine größere Definitionsmacht zukommen lassen als der Gruppe der Frauen.

Die Behauptung, wir bräuchten in Norwegen keinen Feminismus mehr, weil wir schon so viel erreicht haben, ist für mich das Gleiche, als würde man sagen, wir brauchen keinen Antirassismus mehr, weil im norwegischen Parlament Abgeordnete pakistanischer Abstammung sitzen.

Ich glaube, dass bestimmte Wörter wie eine Art Vergrößerungsglas funktionieren können: Hat man erst einmal das richtige Wort gefunden, sieht man alles viel klarer. Sie werden zu einer Art Superkraft, die uns plötzlich wiederkehrende Strukturen, Normen und Mechanismen in verschiedenen Gesellschaftsbereichen erkennen lassen.

In der Frauenbewegung hat die Wortwahl schon immer eine wichtige Rolle gespielt. In den Siebzigerjahren hieß es, der Feminismus habe Frauen eine öffentliche Sprache für ihre privaten Nöte gegeben. Er führte eine Reihe neuer Wörter und Begriffe ein, die vielen die systematische Ungleichbehandlung von Frauen überhaupt erst bewusst machte und sie in die Lage versetzte, eine Sprache, einen Ausdruck für ihre Situation zu haben. Dazu gehören unter anderem die Ausdrücke *Sexismus*, *die Befreiung der Frau*, *männlicher Chauvinismus*, *Sexobjekt*, *Schwesternschaft* und *unbezahlte Arbeit*. Bisher nur schlecht oder gar nicht kommunizierte Erfahrungen konnten damit in Worte gefasst werden, und das hat eine wesentliche Rolle für das Bewusstsein einer ganzen Generation gespielt.

In den letzten Jahrzehnten zunehmend Verwendung gefunden hat auch die sprachliche Differenzierung zwischen dem *biologischen* Geschlecht und dem *sozialen* Geschlecht (auf Englisch sagt man dazu »sex« und »gender«). Diese Unterscheidung verwirrt manche. Andere fühlen sich davon provoziert. In einzelnen Ländern – beispielsweise Polen, Ungarn und Brasilien – versuchen die Machthaber zu verhindern, dass von sozialem Geschlecht überhaupt gesprochen wird. Sie fürchten die Ausbreitung einer sogenannten Geschlechterideologie, und in Ungarn wurde deshalb kürzlich erst das Studienfach Gender Studies abgeschafft.

Dass die beiden Begriffe angeblich so schwer zu verstehen sein sollen, finde ich seltsam. Im Grunde ist es doch gar nicht so kompliziert: Das biologische Geschlecht umfasst die *physische* Seite. Unseren Körper. Ich habe eine Vulva, du hast einen Penis – mit allem, was dazu gehört. Da gibt es nicht so viel zu diskutieren.

Das soziale Geschlecht hingegen beinhaltet *alles andere*. Dass Mädchen nicht von Natur aus eine Vorliebe für rosafarbene Kleidung und Jungen keine angeborene Abneigung gegen Kleider haben, würden die meisten unterschreiben. Das ist erlernt. Es handelt sich um Erwartungen der Umwelt, wie Mädchen und Jungen sich zu verhalten und auszusehen haben. Das soziale Geschlecht ist also keine statische Kategorie. Wie wir Weiblichkeit und Männlichkeit zum Ausdruck bringen, ist ständig in Veränderung. Die politischen und gesellschaftlichen Gegebenheiten haben einen Einfluss darauf, und je nach Umfeld, Generation und Kontinent kann das völlig unterschiedlich ausfallen.

Da das Geschlecht etwas ist, was ausnahmslos alle auf diesem Planeten betrifft, vertreten viele sehr entschiedene Ansichten dazu. Diskutiert man mit Leuten, denen jegliches Verständnis für die Begrifflichkeiten auf diesem Gebiet fehlt, bekommt man oft platte und populistische Aussagen à la »Können Männer nicht einfach Männer und Frauen einfach Frauen sein?« zu hören.

Die Behauptung, dass Menschen sich auf diese oder jene Art verhalten sollen, weil das für ihr Geschlecht am natürlichsten sei, kommt einer Einschränkung unserer Individualität gleich. Wenn jemand damit argumentiert, kann man ihn oder sie ruhig mal daran erinnern, dass die für Männer bzw. Frauen als »natürlich« erachteten Verhaltensweisen im Laufe der Geschichte ständig in Veränderung waren. Wissenschaftler haben ihre liebe Not, absolute und zeitlose Unterschiede zwischen »dem Weiblichen« und »dem Männlichen« zu benennen, die über die rein biologischen hinausgehen. Unsere Auffassung von der Natur ist stets von der Gesellschaft und der Zeit geprägt, in der wir leben.

In ihrem Buch *Feministfällan* (2018, *Die Feministenfalle*) beschreibt Nina Åkestam, was für entsetzliche Implikationen es mit sich bringen kann, wenn wir uns auf biologistische Erklärungen berufen, anstatt einen humanistischen Ansatz zu verfolgen:

»Dann kann es auch als *natürlich* betrachtet werden, dass afrikanische Menschen weißen Amerikanern als Sklaven dienen. Es kann als *natürlich* gelten, dass Menschen unterschiedlicher Hautfarbe voneinander ferngehalten werden, und als biologisch vorteilhaft, wenn Menschen mit bestimmten Krankheiten, sexuellen Orientierungen, religiösen oder politischen Anschauungen ausgerottet werden. Biologisch gesehen kann es vollkommen einleuchtend sein, dass ausschließlich weiße Männer wählen, studieren oder ein Land regieren dürfen. Wann immer die biologischen Unterschiede zwischen Menschen als Ursache für gesellschaftliche Verhältnisse herangezogen werden, steht *diese* Ideentradition dahinter. Das dürfen wir nicht vergessen.«

Auch für das scheinbar angeborene Selbstvertrauen, mit dem sich einige Männer durch die Welt bewegen, sind in den letzten Jahren neue, lustige Wörter aufgetaucht: *Manspreading* und *Mansplaining*. Diese Ausdrücke beziehen sich auf unterschiedliche Ausprägungen desselben

Phänomens: Männer, die mehr Raum einnehmen, als ihnen streng genommen zusteht.

Der erste Begriff, *Manspreading*, bezeichnet die Tendenz einiger Männer, sich in öffentlichen Bereichen besonders breitzumachen und damit die Intimgrenzen ihrer Mitmenschen zu überschreiten, beispielsweise durch breitbeiniges Stehen oder Sitzen in der Bahn. Oder man denke an die vielen männlichen Fluggäste, die oft beide Armlehnen für sich in Anspruch nehmen, während die Frau neben ihnen die Arme dicht am Körper hält und versucht, sich so klein wie möglich zu machen – was ihrem Sitznachbarn selten überhaupt auffällt.

Der Ausdruck verbreitete sich durch heimlich aufgenommene Spaßfotos in den sozialen Medien, auf denen breitbeinig sitzende Männer in öffentlichen Verkehrsmitteln zu sehen waren. Viele reagierten empfindlich: »Werft ihr uns jetzt auch noch vor, wie wir sitzen?« Andere erklärten das Phänomen damit, dass Männer im Alltag nun mal etwas Luft ums Gemächt brauchen. »Und was ist mit Frauen? Belegen die nicht auch schon mal einen zusätzlichen Sitzplatz mit ihrer Handtasche?« Doch, klar, das kommt natürlich auch vor.

Mansplaining bezieht sich auf Männer, die mit Vorliebe anderen – vor allem Frauen – dies und jenes erklären, ohne sich zu fragen, ob ihr Gegenüber nicht möglicherweise viel besser über das jeweilige Gesprächsthema Bescheid weiß. Viele Vertreter dieser Kategorie scheinen nicht so recht zwischen einer Unterhaltung und einem Monolog unterscheiden zu können. Entstanden und in Umlauf gekommen ist der Ausdruck durch den erfolgreichen Essayband *Men explain things to me* (2014, *Wenn Männer mir die Welt erklären*) der Amerikanerin Rebecca Solnit. Als konkretes Beispiel schildert sie darin die Begegnung mit einem Mann, der ihr auf Biegen und Brechen die Kernaussage eines Buches erklären wollte, das er nicht einmal gelesen hatte – dabei bekam er gar nicht mit, dass die Autorin, Solnit selbst nämlich, genau vor ihm stand.

Auch dieses Phänomen ist im Grunde nicht geschlechtsspezifisch, wie manche zurecht einwenden, denn nervige Zeitgenossen gibt es natürlich sowohl in männlicher als auch in weiblicher Ausführung. Ganz sicher existieren auch »mansplainende« Frauen, genau wie es männliche Tratschtanten gibt. Summa summarum sind unangenehme Persönlichkeitszüge wohl relativ gleich zwischen den Geschlechtern verteilt. Doch diese ganz konkrete Form der Selbstverliebtheit und Arroganz ist bei dem einen Geschlecht deutlich stärker vertreten, wie sich an der Anzahl derer, die den Begriff aktiv verwenden, ablesen lässt. Und für die Etablierung eines neuen Wortes muss immerhin ein gewisser Wiedererkennungsfaktor gegeben sein.

Ein neues Wort ist manchmal alles, was man braucht, um einen Sachverhalt zu erkennen, den man bisher nur flüchtig wahrgenommen hat. Da sitzt man dann und fragt sich, was eigentlich gerade passiert ist: Wie hat es dieser Mensch geschafft, dass ich an meinen eigenen Kenntnissen zweifle und mir wieder wie eine kleine dumme Schülerin vorkomme? In so einem Fall kann das richtige Wort eine wahre Befreiung sein – plötzlich sieht man alles deutlich und klar.

14. Seid wachsam

»Ein T-Shirt mit der Aufschrift ›Smash the patriarchy‹ zu tragen, das eine Fabrikarbeiterin mit 17-Stunden-Tag und einem Monatsgehalt von fünf Euro hergestellt hat, ist ein Widerspruch in sich.«

Anja Stang (*1975),
norwegische Redakteurin und Umweltaktivistin

In den letzten fünf Jahren hat der Feminismus einen beachtlichen popkulturellen Aufschwung erlebt.

Als natürliche Folge versuchen nun viele, Geld damit zu machen, dass sie ihre Produkte mit der Bewegung in Zusammenhang bringen. Discountketten wie klassische Modehäuser sind inzwischen auf den Trend aufgesprungen, und von Regenschirmen und Thermoskannen bis hin zu T-Shirts und Champagnerflaschen wird heute alles Mögliche mit weiblichen Symbolen und Schlagwörtern versehen. Dass kommerzielle Akteure sich auf diese Weise schmücken, hat natürlich nichts mit dem Feminismus als Ideologie zu tun. Ebenso wenig kann davon die Rede sein, die Kapitalisten hätten »es jetzt endlich kapiert«. Aber so problematisch ist das vielleicht gar nicht – zumindest nicht, wenn der Trend dazu beiträgt, dass mehr junge Leute ihre Berührungsängste mit dem F-Wort verlieren. Dennoch ist es geradezu paradox, dass die Marktkräfte sich inzwischen so auf die Frauenbewegung stürzen, denn die stand dem Kommerz im Großen und Ganzen immer sehr kritisch gegenüber.

Während der zweiten Welle des Feminismus in den Siebzigerjahren gab es eine besonders starke Kapitalismuskritik. Die neue Generation der Feminist*innen sah in der Konsumkultur eine Form von sozialer Kontrolle: Der Markt spiegelt uns vor, dass wir zu unserem Glück nur ein neues Sofa oder ein neues Paar Schuhe brauchen, und auf der Jagd nach materiellen Gütern verlieren wir unsere eigentlichen Bedürfnisse aus den Augen. Plötzlich sind wir nichts weiter als Konsument*innen – eindimensional und ohne kritisches Urteilsvermögen. Der Traum von einer anderen Gesellschaft, die Platz für authentische, komplexe und freie Menschen bietet, vereinte damals radikale junge Menschen auf der ganzen Welt.

»Öfter mal was Neues« lautet das Motto der Modezeitschriften, und viele Frauen bezeichnen Shopping als eine Art Belohnung oder Selbstpflege. Das sollten wir »uns gönnen«, heißt es. Wir »verdienen« eine neue Herbstgarderobe, und wir »verdienen« einen Einkaufsbummel auf der Londoner Oxford Street, sobald wieder Frühling in der Luft liegt. Parallel dazu hat sich in der kommerziellen Frauenkultur ein alternativer Trend entwickelt, der auf einen ethischeren und umweltbewussteren Verbrauch abzielt. Langsam, aber sicher sehen immer mehr Menschen ein, dass die Ressourcen unseres Planeten bald erschöpft sind. Das Fest ist vorbei. Viele Designer*innen, Magazine und Influencer*innen verwenden in diesem Zusammenhang das englische Adjektiv »woke«, um die Wachsamkeit und das Bewusstsein zu bezeichnen, das wir in Hinblick auf Rassismus, soziale Ungerechtigkeit und die Unterdrückung von Randgruppen an den Tag legen müssen. Auch im Rahmen der Klimabewegung wurde der Ausdruck von vielen aufgegriffen.

Die Modebranche ist in sämtlichen dieser Bereiche eine echte Übeltäterin. Einem neuen UN-Bericht zufolge richtet kaum eine Industrie so viel Umweltschaden an wie die Textilindustrie. Zudem wissen wir, dass die Kleidung, die wir kaufen, zu einem Großteil in Asien genäht wird, von Menschen, die viel zu schlecht dafür bezahlt werden. Zum Teil riskieren sie ihr Leben an ungesicherten Arbeitsplätzen. Textilarbeiter*innen in armen Ländern verdienen im Schnitt 0,5 Prozent des Verkaufspreises. Für den H&M-Pullover, den wir uns hierzulande für 14,99 Euro kaufen, hat die Näherin also nicht mal zehn Cent bekommen. Diese Produktionsform hat dazu geführt, dass Mode sehr viel billiger geworden ist, und aktuell wird in Norwegen doppelt so viel Kleidung gekauft wie 1990.

Es ist an der Zeit, dass wir Frauen aufhören, Shopping als Hobby zu betrachten. Wenn ihr also im Laden steht und darüber nachdenkt, euch den zigsten günstigen Pulli zu kaufen, geht lieber noch einmal in euch und überlegt: Wer zahlt eigentlich den wahren Preis für diesen Pullover? Unser persönlicher Verbrauch hat eine politische Dimension, das dürfen wir nicht vergessen. Durch den Kauf eines Produktes – oder das Bestellen eines Gerichtes – befindet man die Ware und ihre Herstellungsart für gut. Man sagt Ja dazu, dass dieses Produkt einen Platz in der Welt verdient. Wenn wir also entscheiden, wofür wir unser Geld ausgeben, ist das so ähnlich, als würden wir einen Stimmzettel abgeben. Sich bewusst gegen ein Produkt zu entscheiden, ist eine aktive politische Handlung.

15. Habt auch mal Spaß zwischendurch

»Wenn ich nicht tanzen darf, will ich mit der Revolution nichts zu tun haben.«

Emma Goldman (1869–1940),
russisch-amerikanische Aktivistin

Zum Weltfrauentag 2017 strahlte der norwegische Jugendsender P3 einen lustigen Videoclip aus: Eine Reporterin war losgeschickt worden, um bei einer großen Musikveranstaltung Künstler*innen und Prominente auf dem roten Teppich zu interviewen. Sie wandte sich ausschließlich an männliche Künstler und stellte ihnen Fragen, die sonst nur Frauen zu hören bekommen, wie zum Beispiel: »Was trägst du da eigentlich?«, »Was ist die Idee hinter deinem Look heute Abend?«, »Wer hat dein Outfit designt?« und nicht zuletzt »Wie kriegst du Familienleben und Karriere unter einen Hut?«

Den Männern verschlug es regelrecht die Sprache. Sie lachten, wurden rot oder waren sichtlich nervös angesichts dieser persönlichen und etwas seltsamen Fragen.

Das hier Vorgeführte wird in den sozialen Medien gern als »genderflip« bezeichnet. In den letzten Jahren sind eine Reihe von Parodien auf bekannte Werbeclips und Musikvideos entstanden, in denen Männer die typischen Frauenrollen ausfüllen. Beim Anblick eines haarigen Kerls in Spitzenunterwäsche, mit Schlafzimmerblick und einem Zeigfinger am Mundwinkel sehen wir plötzlich nur zu deutlich, wie stereotyp und lächerlich Frauen oft dargestellt werden. Wir sind heute annähernd immun gegen die Übersexualisierung des weiblichen Körpers, daher nehmen wir sie erst wahr, wenn die Rollen zur Abwechslung mal getauscht werden. Und wenn wir über die Produzenten und ihre altmodischen Anschauungen lachen, treffen wir sie an ihrer empfindlichsten Stelle: im Geldbeutel. Ein guter Ruf ist für kommerzielle Akteure nämlich unerlässlich.

Die sozialen Medien gehören inzwischen zu den stärksten Waffen des Feminismus. Wenn vor zwanzig Jahren ein Politiker im Fernsehen eine sexistische Bemerkung vom Stapel ließ, so wurde er dafür vielleicht ein paar Tage später durch einen Leserbrief in der Zeitung kritisiert. Heutzutage hat so jemand mit einer *unmittelbaren* – und sehr vielstimmigen – Reaktion auf Kanälen wie Twitter, Instagram und Facebook zu rechnen, die oft mit einer ordentlichen Portion Sarkasmus und vielleicht auch lustigen »Memes« versehen ist. Dieser breite Aktivismus fungiert mit anderen Worten als Korrektiv, als eine Art Wachhund. Politiker*innen und andere Personen des öffentlichen Lebens kommen heute nicht mehr so leicht mit Vorurteilen, Ammenmärchen oder diskriminierenden Aussagen davon wie früher.

Die Frauenbewegung beschäftigt sich zwar mit vielen traurigen und ernsten Themen, aber ein bisschen Spaß muss natürlich trotzdem erlaubt sein. Wir können uns darüber freuen, Teil einer neuen feministischen Welle zu sein, und dürfen diese Gemeinschaft in vollen Zügen genießen. Außerdem ist Humor oft die beste Strategie, um andere Menschen mitzureißen. Man *öffnet* die Leute gewissermaßen, indem man sie zum Lachen bringt, und in die entstandene Öffnung steckt man dann die Botschaft hinein.

Die dänische Autorin Dorthe Nors ist für ihre humorvollen Romane bekannt. Ihr zufolge wird uns Frauen jedoch nach wie vor vermittelt, dass ein ansprechendes Äußeres für uns wichtiger sei als Humor.

»Humorvolle Frauen werden ziemlich schnell in die Schranken gewiesen. Aber Frauen, die lachen und andere zum Lachen bringen, sind sowohl gefährlich als auch mächtig: Sie machen nicht nur sich selbst sichtbar, sondern auch dic lächerlichen Strukturen des Patriarchats«, so Nors.

Also vergesst nicht: Über das Patriachat darf ruhig mal gelacht werden! Das mag es nämlich *überhaupt nicht*.

»Das Leben ist schon hart genug. Wenn wir bei unserem Kampf um Freiheit ein bisschen lachen und singen, geht alles gleich viel leichter. Die Dunkelheit, die mich umgibt, soll nicht das Licht in meinem Leben bezwingen.«

Sojourner Truth (1797–1883),
amerikanische Antisklaverei-Aktivistin

Nicht vergessen: Über schlechte Witze von Männern braucht ihr nicht zu lachen.

16. Don't let the bastards grind you down

»Beim Feminismus geht es oft darum, dass Frauen von Erfahrungen erzählen, die bisher nicht anerkannt wurden, und beim Antifeminismus geht es oft darum, dass Männer diese Erfahrungen leugnen.«

Rebecca Solnit (*1961),
amerikanische Autorin

Mitte der Siebzigerjahre wurde der Begriff *Herrschaftstechniken* von der norwegischen Soziologin Berit Ås allgemein bekannt gemacht. Er diente der Sichtbarmachung einer eher unterschwelligen Form des Alltagssexismus, den viele Frauen bei Diskussionen, im Beruf und im Privatleben zu spüren bekommen. Mithilfe von Herrschaftstechniken kann man Meinungsgegner als dumm und unwissend und sich selbst als überlegen dastehen lassen. Wir reden hier also von gemeinen Tricks.

Das Herausstellen dieser Techniken führte vielen Frauen vor Augen, dass nicht immer nur sie selbst und ihr

Arbeitseinsatz das Problem waren, sondern oft auch die Art und Weise, wie man mit ihnen umging und ihnen Steine in den Weg legte. Verschiedene politische Jugendorganisationen begannen mit der Organisation von »Rowdy-Kursen für Mädchen«, die die Teilnehmerinnen motivieren sollten, genauso oft das Wort zu ergreifen wie Jungs, und sie außerdem in die Lage versetzen sollten, Herrschaftstechniken zu entlarven und abzuwehren.

In Norwegen ist die Arbeitswelt längst nicht so autoritär strukturiert wie in vielen anderen Ländern. Zudem wissen norwegische Arbeitnehmer*innen in der Regel, was es mit dem Phänomen der Herrschaftstechniken auf sich hat, weshalb viele Alarm schlagen, sobald sie sich davon betroffen fühlen. Mit abfälligen Äußerungen über Frauen oder einem Klaps auf den Hintern der Kollegin kommt in Norwegen kaum noch jemand davon. Das heißt nicht, dass es überhaupt keine Diskriminierung mehr gibt, sie findet nur heute eher im Verborgenen statt als vor ein paar Jahrzehnten.

Forscher*innen haben jüngst den Begriff »Mikroaggression« eingeführt, um eine subtilere Form des Alltagssexismus oder Alltagsrassismus zu beschreiben. Dabei handelt es sich zum Beispiel um kleine Sticheleien und Kränkungen, die die Betroffenen wieder und wieder auf unangenehme Weise spüren lassen, dass sie eigentlich nicht dazugehören. Die alten Herrschaftstechniken sind nun also camoufliert.

Dabei löst die Wiederholung an sich meist das größte Unbehagen aus. Die Tatsache, dass eine Frau bei einer Besprechung Protokoll führen soll, ist noch nicht diskriminierend. Für die Frau kann es sich aber trotzdem so anfühlen, wenn sie zu den wenigen weiblichen Angestellten im Büro gehört und diese Aufgabe wieder und wieder zugeteilt bekommt.

Wird ein Mann ausländischer Herkunft auf der Straße routinemäßig von der Polizei kontrolliert, kann man nicht von Diskriminierung sprechen. Ist es aber bereits das vierte Mal in einer Woche, wird er sich vermutlich trotzdem diskriminiert fühlen. Der Punkt ist, dass die herrschende Kultur – die Mehrheit – bestimmte Gruppen als andersartig markiert.

Was an diesen Mechanismen besonders beunruhigend ist: Will man sich dagegen zur Wehr setzen, hat man am Ende selbst das Nachsehen. Der Mann, der die Polizeikontrolle als rassistisch anprangert, wird als paranoid hingestellt. Die Frau, die nicht Protokoll führen will, weil das zur Abwechslung mal einer der Männer übernehmen soll, gilt sofort als überempfindlicher »Rotstrumpf«. Man muss in solchen Fällen weitgehend mit Verleugnung rechnen. Und diejenigen, die derlei Erfahrungen so gut wie nie machen, sehen in der Problematisierung von Alltagsrassismus und Alltagssexismus lediglich übertriebene Political Correctness.

Feminist*innen werden seit jeher dazu aufgefordert, sich für Wichtigeres zu engagieren, als immer nur über »Bagatellen« zu reden. Schreibt man über Rassismus oder sexuelle Belästigung, heißt es, man solle doch lieber etwas zu sozialer Kontrolle in Einwandererkreisen oder über Frauen in Ländern mit »echten« Problemen schreiben: »Und was ist mit den Frauen in Syrien?«, »Warum redet ihr nicht mal über die Kinderehe in Indien?«

Dabei sind die Kritiker*innen oft Leute, die sich selbst nur selten in nennenswerter Weise für diese Themen engagieren. Ganz egal, um welches Problem es geht, gibt es immer wieder Stimmen, die genau dieses Problem als klein und unbedeutend im Vergleich zu anderen Problemen darstellen, und diese Taktik bezeichnen wir als Relativierung oder auch als »Whataboutism«.

In solchen Diskussionen kann man gut mal darauf aufmerksam machen, dass die Probleme syrischer Flüchtlinge nicht automatisch mehr in den Fokus rücken, nur weil Feminist*innen sich weniger für überzogene Schönheitsideale interessieren. Die Aufforderung an uns, ein Thema außer Acht zu lassen, weil es ja noch andere gibt, ist nicht besonders logisch, immerhin sind die meisten von uns zum Glück imstande, mehr als einen Gedanken gleichzeitig zu denken.

Die Argumentation von Antifeminist*innen kann sehr vorhersehbar sein, und nicht jede Diskussion ist es wert, dass wir unsere Zeit darauf verschwenden. Manchmal hat man vielleicht einfach keine Lust, auf unqualifizierte Fragen zu antworten und vorurteilsbehaftete Angriffe abzuwehren. Dann darf man auch ruhig mal sagen: »Tut mir leid, für eine Diskussion auf dem Niveau fehlt mir heute die Zeit.« Feminist*innen sind schließlich keine Auskunftsstellen, die rund um die Uhr geöffnet haben.

In den letzten Jahren wird Feminist*innen – und anderen Aktivist*innen – oft der Vorwurf gemacht, sie würden »Identitätspolitik« betreiben, was als politische Mobilisierung zugunsten einer bestimmten Gruppe von Menschen mit gemeinsamen Merkmalen wie beispielsweise Geschlecht, sexuelle Orientierung, ethnische oder soziale Herkunft definiert werden kann.

Kritiker*innen, die diesen Begriff in einem negativen Sinn verwenden, sind in der Regel der Meinung, dass durch den Fokus auf verschiedene Teilidentitäten andere, möglicherweise wichtigere gesellschaftliche Kategorien außer Acht geraten. So ist es beispielsweise eine verbreitete Auffassung, dass wir den Blick für die wirklich großen Angelegenheiten verlieren, wenn wir uns zu sehr mit feministischer Kulturkritik, sprachlicher Diskriminierung oder den Problemen transsexueller Menschen »aufhalten«. Viele sind außerdem der Ansicht, die Gleichstellungsdebatte sei mittlerweile viel zu kompliziert. Für normale Leute und »den kleinen Mann auf der Straße« sei es schlicht nicht nachvollziehbar, warum man sich plötzlich nicht mehr als Indianer verkleiden oder alte Kinderlieder über Hottentotten singen darf und womöglich noch genderneutrale Pronomen in den eigenen Sprachschatz einbauen soll.

Viele befürchten auch, dass die Identitätspolitik *polarisierend* wirkt, dass sie also Menschen auseinandertreibt, die im Großen und Ganzen eigentlich einer Meinung sind. Am Ende traut sich kaum noch jemand, etwas zu sagen, aus Angst, einen drüber zu bekommen, weil man vielleicht der »falschen« Gesellschaftsgruppe angehört (weißer heterosexueller Mann) oder nicht über das entsprechende Wissen und Vokabular verfügt.

Zum Teil ist das auch tatsächlich ein Problem, und dieser Entwicklung sollten wir entgegenzuwirken versuchen. Beispielsweise kann es leicht als Provokation aufgefasst werden, wenn man andere zu schnell als Rassisten, Sexisten oder »homophob« abstempelt. Würde auf mich jemand zukommen und mich als Rassistin bezeichnen, wäre ich auch sauer und würde sofort anfangen, mich zu verteidigen. Natürlich. Etwas anderes wäre es gewesen, wenn er oder sie mich darauf hingewiesen hätte, dass eine meiner Äußerungen *als rassistisch aufgefasst werden kann*. Dann hätte ich zugehört – und mich vielleicht sogar entschuldigt. Und beim nächsten Mal hätte ich vermutlich auf eine andere Wortwahl geachtet. Für den Sexismus gilt das Gleiche: Es ist sicher nicht besonders klug, sofort laut »Sexist« zu rufen, wenn jemand etwas sagt oder tut, was man als frauendiskriminierend empfindet. Stattdessen kann man den oder die Betreffende*n höflich darauf aufmerksam machen, warum das soeben Gesagte oder Getane sexistisch wirkt.

Intersektionalität ist ein wichtiger Begriff, wenn wir über Identitätspolitik diskutieren. Der Ausdruck wurde 1989 von der amerikanischen Juraprofessorin Kimberlé Crenshaw eingeführt und bezeichnet die Einschränkung der reellen Freiheit und der Möglichkeiten eines Menschen durch das Zusammenwirken verschiedener sozialer Kategorien wie Geschlecht, Herkunft, Ethnizität, Religion, Klasse, sexuelle Orientierung und körperliche wie geistige Gesundheit. Frauen können beispielsweise berufliche Einschränkungen aufgrund ihres Geschlechts erfahren. Eine Frau mit Migrationshintergrund wird unter Umständen *doppelt* diskriminiert. Für Rollstuhlfahrerinnen oder Angehörige einer sexuellen Minderheit können sich noch weitere Türen schließen. Die verschiedenen Diskriminierungsformen überschneiden sich und machen es den Betroffenen umso schwerer.

In diesem Kontext hat der heterosexuelle Mann aus der mittleren Gesellschaftsschicht ohne Zweifel noch immer die neutralste Position inne. Er betreibt *Politik*, während »die anderen« *Identitätspolitik* betreiben. In Wahrheit aber sprechen wir alle ausgehend von unserer persönlichen Situation und den eigenen Erfahrungen. Was als Identitätspolitik bezeichnet wird, ist oft nichts anderes als eine Machtanalyse: Wer hat hier die Definitionsmacht über die Situation, die Regeln, die Geschichte – und wer nicht? Das ist die Grundlage aller Art von Politik.

Diejenigen, die den Ausdruck Identitätspolitik als Schimpfwort verwenden, versuchen damit, das politische Engagement anderer als unwichtig und kleinlich abzuwerten. Dabei wird jedoch übersehen, dass Menschen, die sich für Feminismus, Antirassismus oder die Rechte Homosexueller engagieren, ihren Aktivismus gar nicht als reale Wahl empfinden. Vielmehr handelt es sich um eine unmittelbare Reaktion auf ganz konkrete Lebenserfahrungen.

Anstatt uns Sorgen darüber zu machen, dass der Arbeiterklasse die »neuen Perspektiven« befremdlich vorkommen könnten, sollten wir das Wissen, das diese Stimmen in die Debatte einbringen, begrüßen. Die meisten von uns haben noch einiges zu lernen. Viele politisch bewusste Menschen gehen nämlich in dem Glauben durch die Welt, sie selbst wären vollkommen frei von sexistischen oder rassistischen Impulsen. Dadurch wird man jedoch schnell zu einem Teil des Problems.

In ähnlicher Weise glauben Frauen oft, Sexismus käme ausschließlich in männlicher Form daher. Das ist natürlich genauso falsch. Es ist keineswegs so, dass wir von Geburt an mit einem machtkritischen Radar ausgestattet sind, der uns Strukturen und Systeme besonders gut durchschauen lässt. Auch Frauen haben blinde Flecken, wenn es um Geschlechter und Gleichstellung geht, und auch wir können an der Aufrechterhaltung des Patriarchats beteiligt sein.

Feminist*in zu sein heißt, einen Schritt zurückzutreten und das System – und sich selbst – möglichst von außen zu betrachten. Wenn euch also jemand auf eure Vorurteile hinweist, fangt nicht gleich an, euch zu verteidigen. Hört lieber zu, was man euch zu sagen hat, überprüft eure Ansichten und arbeitet an euch. *Check your privileges*, wie es so schön heißt.

Auch hier kann Sprache ein Hilfsmittel sein. Die beschriebenen Mechanismen sind nämlich viel leichter zu erkennen, wenn wir das entsprechende Vokabular dafür haben. Und im Laufe der letzten Jahrzehnte haben wir eine ganze Reihe neuer Ausdrücke und Begriffe bekommen, die uns den Blick von außen erleichtern. Darunter fällt zum Beispiel »das binäre Geschlechtersystem« zur Beschreibung unseres traditionellen Zweigeschlechtermodells. In den letzten Jahren haben die meisten wohl mitbekommen, dass es Menschen gibt, die sich in diesem Modell nicht wiederfinden. Nicht alle nehmen sich nämlich als hundert Prozent männlich oder hundert Prozent weiblich wahr. Für manche sagt das Geschlecht nur wenig über sie als Mensch aus, der eine oder die andere hat das Gefühl, im »falschen Körper« zu stecken, während wieder andere das Geschlecht als Kategorie mit eher fließenden Übergängen betrachten. Ein Ausdruck wie »das binäre Geschlechtersystem« liefert uns also das sprachliche Werkzeug zur Benennung einer Idee, von der wir gar nicht wussten, dass wir sie in Worte fassen müssen, nämlich die Vorstellung, dass es zwei klar voneinander abgegrenzte Geschlechter gibt.

Der Begriff »Cisgender« hat eine ähnliche Funktion. Damit sind ganz einfach alle gemeint, die *nicht Transgender* sind. Warum in aller Welt brauchen wir dafür ein Wort, kann man sich fragen. Doch auch dieses Wort kann dazu beitragen, der großen Mehrheit eigene Privilegien vor Augen zu führen. Mich zum Beispiel sieht niemand schief an, wenn ich die Damentoilette betrete, niemand zieht mich damit auf, dass ich mich schminke, und ich habe auch noch nie anmaßende Fragen zu meiner sexuellen Identität oder meinem Intimbereich gestellt bekommen. Das sind meine Privilegien als Cis-Frau. Wer aber regelmäßig solche Erfahrungen macht, braucht natürlich auch das entsprechende Vokabular, um darüber zu reden.

Manche betrachten diese sprachliche Entwicklung als eine übertriebene Form der Political Correctness und protestieren. So ist das nämlich mit diesen Neologismen: Kommt plötzlich jemand daher und behauptet, man würde ein »heteronormatives« Leben führen, dann werden damit Teile der eigenen Identität benannt, über die man bisher nicht nachgedacht hat. Man fühlt sich kategorisiert und in eine Schublade gesteckt, vielleicht zum ersten Mal überhaupt. Das drängt viele in eine Verteidigungsposition.

Wir Menschen in den nordischen Ländern gehören zu den privilegiertesten der Welt, somit sollte man meinen, wir hätten unsere Privilegien besonders gut im Blick. Aber so ist es leider nicht.

»Whataboutism« ist eine Diskussionsstrategie, bei der Kritik oder Vorwürfe mit neuen, ganz anderen Vorwürfen abgewehrt werden. Als rhetorisches Mittel ist das leider überaus effektiv, weil der Gegner dadurch unwillkürlich in eine Verteidigungsposition gerät. Und damit wird von der ursprünglich diskutierten Fragestellung abgelenkt.

Der Begriff **»Herrschaftstechniken«** bezieht sich auf verschiedene Methoden zur Unterdrückung oder Demütigung anderer. Sie kommen in den verschiedensten Bereichen zur Anwendung, in denen Menschen Macht ausüben: im Familienleben, in der Arbeitswelt, der Politik und im gesellschaftlichen Miteinander. Die Verbreitung des Begriffs durch die norwegische Professorin Berit Ås im Jahr 1979 diente vielen Frauen als Augenöffner für die eigentlichen Hintergründe von Situationen, in denen sie übersehen, ignoriert oder lächerlich gemacht werden.

Von **»kultureller Aneignung«** spricht man, wenn sich eine Kultur der Phänomene einer anderen bedient. Mithilfe dieses Begriffs soll nachvollzogen werden, wie eine Mehrheitskultur eine Minderheitenkultur unterdrückt, indem sie Elemente der fremden Kultur aufgreift, exotisch oder lächerlich macht. So etwas geschieht beispielsweise, wenn sich Weiße als Indianer oder Rastafari verkleiden oder sich auf traditionell afrikanische Weise die Haare flechten.

17. Verhelft Frauen zu mehr Sichtbarkeit

»Jedes einzelne von Frauen geschriebene Wort verändert die Geschichte der Welt, es revidiert die offizielle Version.«

Carolyn See (1934–2016),

amerikanische Professorin

Zur Vorbereitung meiner Vortragsreisen, bei denen es um die Geschichte des Feminismus geht, informiere ich mich gern über die lokalen Heldinnen der jeweiligen Orte. Jede Stadt hat ja ihre eigenen Pionierinnen, auf die man dort besonders stolz ist.

Für meinen Besuch in Moskau und St. Petersburg nahm ich deswegen die große russische Feministin Alexandra Kollontai in meinen Vortrag auf. Kollontai war eine sehr wichtige Figur für die gesamte sozialistische Frauenbewegung, unter anderem wegen der Reformen, die sie als Volkskommissarin für soziale Fürsorge nach der Revolution 1917 durchführte. Sie sorgte beispielsweise für einen gesetzlich geregelten Mutterschutz und gleiche Löhne für gleiche Arbeit. Das Scheidungsrecht wurde unter ihr liberalisiert und Schwangerschaftsabbrüche legalisiert. In ihrer politischen Arbeit und ihren Schriften war sie ihren Zeitgenossen, was Gleichstellung betraf, meilenweit voraus.

Als ich nun mit meinem Vortrag in Bibliotheken und Schulen auftrat, stellte ich überrascht und zugleich ein bisschen enttäuscht fest, dass der Großteil des Publikums *keine Ahnung hatte*, wer Alexandra Kollontai war. Auch im Stadtbild suchte ich erfolglos nach Spuren von ihr. Dafür war jede zweite Straße und Statue dem Dichter Alexander Puschkin gewidmet.

Das ist leider sehr typisch. Egal, durch welche Stadt der Welt man spaziert, ist sofort die starke männliche Dominanz spürbar. Die meisten Büsten und Statuen stellen Männer dar, und die Straßen sind hauptsächlich nach Männern benannt. In Bergen stehen zum Beispiel mehr Statuen von kleinen Bogenschützen (Mitglieder der historischen Bogenschützenbrigade) als von Frauen (!). Und geht man am örtlichen Kino vorbei, prangt zuoberst auf dem Filmplakat mit sehr großer Wahrscheinlichkeit ein Mann. Nach wie vor gehen sieben von zehn Hauptrollen an Männer. Und beim Besuch der Stadtbücherei wiederholt sich das Muster: Über Frauen werden längst nicht so viele Biografien geschrieben wie über Männer. Künstlerinnen werden viel seltener in den Kanon aufgenommen oder durch Preise oder Ähnliches geehrt, und es werden deutlich weniger Festschriften, Wikipedia-Artikel und Nachrufe über Frauen verfasst als über Männer.

Inzwischen arbeiten glücklicherweise viele daran, die großen Löcher in der Geschichte zu füllen. Einmal im Jahr findet beispielsweise in mehreren norwegischen Städten die sogenannte Frauenhistorische Nacht statt. Bei dieser Aktion werden bewunderungswürdige Frauen auf selbsthergestellten Plakaten geehrt, die die Aktivist*innen im Laufe der dunklen Abendstunden überall in der

Stadt anbringen. Oder sie kleben selbst gemachte Straßenschilder mit Frauennamen über bereits existierende Straßenschilder.

In den letzten Jahren hat es auch eine regelrechte Flut von Büchern über große Frauenfiguren gegeben, für Kinder wie für Erwachsene. Internetseiten, Ausstellungen, Magazine und Podcasts über die Geschichte der Frau sind wie Pilze aus dem Boden geschossen. Es scheint ganz einfach ein echtes Bedürfnis nach Erzählungen über bedeutende Frauen zu existieren.

Jede*r einzelne von uns kann einen kleinen Beitrag leisten, um dem nach wie vor bestehenden Ungleichgewicht entgegenzuwirken. Wird irgendwo jemand für einen Vortrag oder ein Podiumsgespräch gesucht: Schlagt eine Frau vor. Auf die Frage nach eurem Lieblingsautor oder Lieblingskünstler: Nennt eine Frau. Wollt ihr eine Rede oder einen Vortrag mit ein paar historischen Worten aufpeppen: Zitiert eine Frau. Wir können Frauennamen für neue Straßen und Gebäude in unserem Heimatort vorschlagen. Einen Wikipedia-Artikel über eine Frau schreiben, zu der wir aufschauen. Oder Nachrufe auf Frauen verfassen, die eine Rolle in unserem Leben gespielt haben.

Männer waren schon immer gut darin, sich gegenseitig zu Genies zu erklären. Jetzt sind wir an der Reihe.

Wikipedia wird von Männern dominiert

8 von 10 biografischen Artikeln auf Wikipedia handeln von Männern, und die Artikel über Frauen sind oft viel kürzer. Fast 90 Prozent der Mitwirkenden im elektronischen Lexikon sind Männer. Hier einige Tipps, wie ihr dazu beitragen könnt, den Frauenanteil zu erhöhen:

- Durchsucht Wikipedia nach Frauen, die ihr bewundert, und führt offensichtliche Mängel auf
- Setzt euch mit Leuten aus eurem eigenen Fachgebiet zusammen, um die Anzahl der Artikel zu erhöhen
- Führt fehlende Frauenbiografien beim Wikiprojekt »Frauen in Rot« auf
- Erweitert kurze Artikel über Frauen
- Übersetzt Artikel über Frauen in andere Sprachen
- Nehmt an den jährlich stattfinden Edit-a-thons von Art+Feminism teil oder organisiert selbst einen

18. Organisiert euch

»Unzufriedenheit allein macht noch keine Revolution, dazu müssen Menschen zusammenkommen und ihre Träume und Sehnsüchte zum Ausdruck bringen.«

Anne Bitsch (*1978),
norwegische Autorin

Ich bin eine Feministin der zweiten Generation. Meine Mutter war in den Siebzigerjahren Mitglied der *Kvinnefronten* (Frauenfront), einer linksradikalen Organisation, die sich für das Recht auf Abtreibung, den Bau von Kindergärten und einiges mehr einsetzte. Während Mama damals nach Feierabend und am Wochenende auf die Barrikaden gehen musste, kann ich mich heute als Vollzeitfeministin bezeichnen: Ich lebe davon, über Gleichstellung, die Geschichte der Frau und Geschlechterrollen zu schreiben und zu sprechen.

Mir ist sehr wohl bewusst, dass ich auf den Schultern meiner Mutter und all der anderen stehe, die vor mir gekämpft haben. Aber so war es nicht immer. In meiner Kindheit in den Achtzigerjahren war es mir ein bisschen peinlich, dass meine Mutter Frauenrechtlerin war und Flyer gegen Pornos in der Stadt verteilte. Zu dieser Zeit stand der Feminismus nämlich nicht besonders hoch im Kurs.

Nach all dem Gerede von Frauenbefreiung in den Siebzigerjahren vollzog sich nun ein allgemeiner Rechtsruck, und es herrschte emanzipatorische Flaute. Die amerikanische Autorin Susan Faludi hat diese Entwicklung in ihrem Buch *Backlash* (1991, *Backlash. Die Männer schlagen zurück*) sehr gründlich dokumentiert. Anhand von allerlei Beispielen zeigt sie, wie Film, Fernsehen und Presse erfolgreich den Eindruck vermittelten, »emanzipierte Frauen« seien nichts anderes als einsame, kinderlose, neurotische und womöglich heillos überarbeitete Karrierefrauen. Der Feminismus habe ihnen vorgegaukelt, sie könnten »alles haben«. Anhängerinnen der Frauenbewegung wurden als wütend, hässlich und haarig abgestempelt, und folglich wollten jüngere Frauen immer weniger damit zu tun haben.

In den Siebzigerjahren bestand die große Stärke der Frauenbewegung darin, dass sich so viele organisierten. Der Feminismus, der unser Land aufgebaut hat, bestand aus einem langsamen, zielgerichteten Kampf. Damals ging es darum, Stellungnahmen für Anhörungsverfahren zu formulieren und Gerichtsbeschlüsse anzufechten, man feilte an Parolen und organisierte Demonstrationen. Eine im Großen und Ganzen unsichtbare und wenig glamouröse Arbeit, die aber nichtsdestotrotz sehr wirksam ist.

In jüngeren Generationen hat die Organisationsbereitschaft nachgelassen, doch in den letzten Jahren konnten nordische Frauenorganisationen wieder einen Mitgliederzuwachs verbuchen. Auch in den Gewerkschaften findet viel wichtige Gleichstellungsarbeit statt, deshalb kann es von großem Vorteil sein, sich am Arbeits- oder Studienplatz zu organisieren. Viele finden auch auf Blogs oder in Facebookgruppen zueinander. Mit einer Gemeinschaft von Gleichgesinnten im Rücken kann es oft leichter sein, sich in der Öffentlichkeit zu positionieren. Die Mobilisierung übers Internet hat sich als sehr effektiv erwiesen, was auch der Grund dafür ist, dass viele Veranstaltungen zum Weltfrauentag und Demonstrationen zum Thema Abtreibung so massiven Zulauf hatten, wie in letzter Zeit in einer Reihe von Ländern zu beobachten war. Als das norwegische Abtreibungsgesetz wieder auf den Verhandlungstisch kam, vergingen beispielsweise nur wenige Tage, bis die Gegner*innen sich im Internet organisiert hatten und große Demonstrationen stattfanden. Es ist wichtig, sich in Erinnerung zu rufen, dass wir unsere Gleichberechtigung nicht einfach vom Staat oder von Männern, die plötzlich eine Eingebung hatten, »bekommen« haben. Nein, unsere Rechte wurden gemeinschaftlich von Frauen erkämpft, Frauen, die sich organisierten. Manche Kämpfe sind schlicht und einfach zu groß, als dass sie von Einzelnen ausgetragen werden können.

»Ich habe mich immer gefragt, warum nicht mal jemand was unternimmt. Bis mir klar wurde: Dieser jemand bin ich.«

Lily Tomlin (*1939),
amerikanische Schauspielerin

Feiert den Frauentag! Der Weltfrauentag am 8. März will gefeiert werden. Nehmt an Demonstrationen teil, veranstaltet Podiumsdiskussionen oder Vorträge, ladet zu einem feministischen Abend ein.

Eine Wand aus Frauen! Eine der größten Frauendemonstrationen der Geschichte fand im Januar 2019 statt, als fast fünf Millionen Inderinnen im Bundesstaat Kerala eine 620 Kilometer lange Menschenmauer bildeten. Sie protestierten dagegen, dass Frauen im gebärfähigen Alter der Zutritt zum bekannten Sabarimala-Tempel verweigert wird.

Flashmobs gegen Vergewaltigung Der »Internationale Tag zur Beseitigung der Gewalt gegen Frauen« wird jedes Jahr am 25. November gefeiert. 2019 wurde an diesem Tag das chilenische Kampflied *Un violador en tu camino* (*Ein Vergewaltiger auf deinem Weg*) veröffentlicht. Das Lied wurde von Tausenden von Frauen aufgeführt, die sich in Flashmobs in einer Reihe von Ländern versammelten. Die Videos über diese Proteste gingen viral. Die Aktion kennzeichnet einen Trend zu einer verstärkten Zusammenarbeit zwischen Frauenbewegungen über nationale Grenzen hinweg. Geschlechtsspezifische Gewalt ist ein epidemisches Problem in Lateinamerika, und die argentinische Bewegung »Ni Una Menos« (»Nicht eine Frau weniger«) hat in den letzten Jahren große internationale Frauenstreiks initiiert, um auf die Gewalt aufmerksam zu machen und sich dagegen zu wehren.

19. Seid nicht zu streng mit euch

»Ich bin lieber eine schlechte Feministin als gar keine.«

Roxane Gay (*1974),
amerikanische Autorin

Wer sich für den Feminismus engagiert – und auch offen dazu steht – wird unter Garantie folgende Frage gestellt bekommen: »Was ist denn im Moment das wichtigste Streitthema des Feminismus?«

Wir sollen uns aus dem Stegreif für ein bestimmtes Anliegen entscheiden. Da kann man schon mal nervös werden, denn was, wenn wir uns falsch entscheiden? Was, wenn wir anfangen, uns über eigentlich eher Unbedeutendes auszulassen, verglichen mit den wirklich ernsten Themen? In dem Versuch, eine Rangfolge für politische Fragen aufzustellen, verbirgt sich eine Falle. Meiner persönlichen Erfahrung nach ist es oft am besten, sich gar nicht erst auf die Prämisse der Frage einzulassen. Sagt einfach: »Ich will überhaupt kein bestimmtes Thema hervorheben, sondern lieber alle dazu auffordern, sich in ihrem jeweiligen Umfeld für mehr Gleichheit und Gerechtigkeit einzusetzen. Ob das nun im Gesundheitssystem, in der Schule, der Kirche, der Familie oder in Einwandererkreisen ist.«

Die Kapitelüberschriften in diesem Buch mögen zwar den gegenteiligen Eindruck erwecken, aber der Feminismus ist kein Regelwerk, das soll hier unbedingt noch einmal betont werden. Es geht nicht darum, möglichst viel zu wissen oder komplizierte Fragen zum Thema Gleichstellung gekonnt zu beantworten. Auch erklärte Feminist*innen dürfen selbstverständlich mal unsicher sein. Findet euch damit ab, dass ihr nicht immer eine gute Antwort parat habt.

Zu bestimmten Fragen werden wir vielleicht nie eine eindeutige Meinung haben, denn der Feminismus hat nun mal seine ihm innewohnenden Ambivalenzen und Widersprüche. Da wäre zum Beispiel das »Mary-Wollstonecraft-Dilemma«: Wie können wir einerseits Respekt für das charakteristisch Weibliche und andererseits volle Gleichbehandlung fordern, beides auf einmal? In diesem Punkt bilden die beiden Hauptströmungen des Feminismus, der Gleichheitsfeminismus und der Differenzfeminismus, diametrale Gegensätze, und es gibt keine einfachen Antworten.

Lasst euch von niemandem erzählen, ihr müsstet euch entscheiden. Man kann nämlich durchaus gegen übersteigerte Schönheitsideale ankämpfen und sich für höhere Frauenlöhne einsetzen – beides auf einmal. Ihr könnt gegen religiös motivierte Frauenunterdrückung vorgehen und euch gleichzeitig für einen höheren Frauenanteil in den Chefetagen der Wirtschaft einsetzen. Das sind *keine* Widersprüche.

Die Amerikanerin Roxane Gay thematisiert in ihrem Buch *Bad Feminist* die Angst, als Feministin zu »versagen«. Ihre Hauptbotschaft lautet, dass wir in diesem Punkt etwas nachsichtiger mit uns selbst – und miteinander – sein sollten. Schließlich sind wir alle nur Menschen. Selbst wer »das System durchschaut« hat, ist nun mal trotzdem darin groß geworden. Die eine wird vielleicht weich, wenn ihr ein Mann in traditioneller Gentleman-Manier die Tür aufhält. Die andere steht möglicherweise auf Rap-Songs, auch wenn die Texte sexistisch sind. Manch eine würde nie ungeschminkt das Haus verlassen. Und wieder andere verfolgen mit großer Leidenschaft das Leben der gebotoxten Frauen in »The Real Housewives of Beverly Hills«. (Wer tut das nicht?!)

Die Frauenbewegung der Siebzigerjahre hatte zum Teil den Ruf, recht streng ihren eigenen Anhängerinnen gegenüber zu sein, nicht zuletzt, wenn es um den Kampf gegen die vorherrschenden Schönheitsideale ging. Viele Feministinnen lehnten sich gegen das kommerzielle Frauenbild auf, indem sie ihre Körperbehaarung wachsen ließen, den BH verbrannten und auf Schminke und hohe Absätze verzichteten. Frauen, die von dem natürlichen Look nichts wissen wollten und sich weiter ganz traditionell zurechtmachten, fühlten sich in der Bewegung nicht immer akzeptiert. Im Nachhinein räumten viele Feministinnen dieser Zeit ein, dass es nicht gerade wenige Regeln zu befolgen gab. Tauscht man das strenge Frauenideal der Gesellschaft gegen ein neues, nicht weniger rigides Frauenideal aus, ja, dann ist man im Grunde keinen Schritt weiter.

Es kann eine schwierige Gratwanderung sein, Kritik an gesellschaftlichen Schönheitsidealen üben zu wollen, ohne zugleich die Frauen zu kritisieren, die sich an diesen Idealen orientieren. Und das tun immerhin die meisten von uns. Wenn wir kulturelle Phänomene wie Glamourmodels, leichtbekleidete Popstars oder Lifestyle-Bloggerinnen kritisieren, besteht stets die Gefahr, dass wir uns zum »Slutshaming« hinreißen lassen. Der Begriff bezeichnet die verbreitete Verurteilung »unsittlicher« Frauen, deren Verhalten nicht den gesellschaftlichen Normen im Hinblick auf Anstand und Sexualmoral entspricht. Es ist also wichtig, die Kritik an einer Übersexualisierung der Gesellschaft an die Gesellschaft zu richten und nicht an einzelne Frauen. Der Feminismus soll Schamgefühle bekämpfen, anstatt zu ihrem Fortbestehen beizutragen. Wir müssen das richtige Ziel ins Visier nehmen. Wir alle haben unterschiedliche Hintergründe, Bezugssysteme und Geschmäcker, und es ist nicht die Aufgabe von Feminist*innen, über anderer Leute Geschmack zu urteilen oder den moralischen Zeigefinger zu heben.

Feminist*innen sind keineswegs dazu verpflichtet, ein beispielhaftes Leben zu führen, sie müssen auch nicht stärker als andere sein oder stets die Antwort schlechthin haben. Feminist*in zu sein ist der Versuch, neue Wege in einem alten System zu finden und den Freiraum für uns alle zu erweitern.

»Der Feminismus ist kein Regelwerk, sondern eine Diskussion, eine Unterhaltung, ein Prozess.«

Tavi Gevinson (*1996),
amerikanische Bloggerin und Redakteurin

»Von klein auf lernen wir, dass Jungen wichtiger sind. Als Jugendliche dürfen die Mädchen gern an der Skater-Rampe, am Fußballplatz oder an der Sporthalle abhängen, während die Jungs dort skaten oder spielen. Dass aber mal eine Gruppe Jungs in der Sporthalle abhängt, um bei den Turnstunden der Mädchen zuzusehen, kommt äußerst selten vor.«

Peppe Öhman (*1976),
schwedische Bloggerin

Mary-Wollstonecraft-Dilemma: Im achtzehnten Jahrhundert formulierte die britische Schriftstellerin und Philosophin Mary Wollstonecraft ein Dilemma, das sich im weiteren Verlauf als roter Faden der Frauenbewegung erweisen sollte: Will die Frau uneingeschränkten Zugang zum gesellschaftlichen Leben und zur Arbeitswelt haben, ist der Preis dafür, dass sie wie ein Mann leben muss. Geht es ihr um Anerkennung und Respekt für die traditionelle »Frauenarbeit« zu Hause, bezahlt sie dafür mit einem Status als Bürgerin zweiten Ranges.

Gleichheitsfeminismus und **Differenzfeminismus** gelten als die beiden Hauptströmungen des modernen Feminismus. Gleichheitsfeminist*innen betrachten Männer und Frauen als grundlegend gleich und fordern daher dieselben Normen und Regeln für alle Geschlechter. Differenzfeminist*innen hingegen sehen in erster Linie die grundlegenden Unterschiede zwischen den Geschlechtern und argumentieren vor allem für eine größere Würdigung typisch weiblicher Werte und Erfahrungen.

»Als Feministin muss man anderen Frauen auch die Freiheit zugestehen, Entscheidungen zu treffen, die man nicht unbedingt selbst treffen würde.«

Lena Dunham (*1986),
amerikanische Schauspielerin und Autorin

20. Macht euch ruhig mal unbeliebt

»Die Geschichte des Fortschritts ist mit dem Blut der Männer und Frauen geschrieben, die sich für unbeliebte Angelegenheiten eingesetzt haben, zum Beispiel das Recht des Schwarzen auf seinen eigenen Körper oder das Recht der Frau auf ihre eigene Seele.«

Emma Goldman (1869–1940),
russisch-amerikanische Aktivistin

»Lächle doch mal!«

So etwas kann eine Frau gelegentlich zu hören bekommen, wenn sie ein bisschen ernster dreinschaut. Das kann völlig unerwartet von einem wildfremden Mann in der Kneipe kommen – oder während sie ihrer Arbeit nachgeht. Als ich in den Neunzigerjahren im Osten von Oslo kellnerte, kam es häufiger vor, dass mich männliche Gäste zum Lächeln aufforderten. Beim Tischabwischen oder Aschenbecherleeren hieß es da zum Beispiel: »Ein bisschen freundlicher, bitte!«

Ich kann mich nicht daran entsinnen, jemals mitbekommen zu haben, dass eine Frau von einem fremden Mann ein Lächeln verlangt.

Frauen, die in der Öffentlichkeit nicht mit einem ergebenen Lächeln auftreten, werden schnell als aggressiv oder schwierig angesehen. Und dann hagelt es Sanktionen. Die alte Leier, dass Feministinnen immer so wütend seien, hat gleich mehrere unangenehme Seiten. Einerseits wird hier natürlich eine große Gruppe Frauen über einen Kamm geschoren, aber hinzukommt, dass engagierte Frauen, die für etwas kämpfen, durch so eine Behauptung als unweiblich und nicht besonders attraktiv abgestempelt werden. Folglich verwenden viele Mädchen ihre Energie darauf, sich gegen Wutvorwürfe zu verteidigen, anstatt sich auf vernünftigere Dinge zu konzentrieren.

Mir fällt immer wieder auf, dass die Wut, die sich bei anderen traditionell unterdrückten Gruppen im Laufe der Geschichte angestaut hat, gesellschaftlich eher akzeptiert ist als die Wut von Frauen. Zumindest wird gemeinhin erwartet, dass westliche Frauen »langsam mal fertig damit« sind. So sollen wir zum Beispiel einfach akzeptieren, dass zu unserem literarischen Kanon lauter frauenverachtende Männer gehören: Aristoteles, Nietzsche, Kant, Rousseau, Baudelaire und Strindberg – alles »Männer ihrer Zeit« eben. Ihr Frauenhass wird als eine Art Kuriosität betrachtet. Als schwacher Persönlichkeitszug vielleicht. Aber keineswegs als etwas, was ihre sonst so großen Ideen und künstlerischen Errungenschaften überschatten sollte. So nachtragend können wir ja wohl nicht sein!

Dabei wurden frauenverachtende Ansichten doch oft gerade von Philosophen und Humanisten verbreitet, die es eigentlich hätten besser wissen müssen. Das waren immerhin Männer, denen es um das individuelle Recht auf Freiheit und Gerechtigkeit ging und die sich für Ideale wie Demokratie und Gleichheit eingesetzt haben. Aber eben nur unter Männern. Und das sollen wir einfach vergessen? Tut mir leid, aber das kann ich nicht. Ich kann nicht einfach mit den Achseln zucken und darüber hinwegsehen. Denn das macht mich stinksauer.

Es macht mich sauer, dass so viele Historiker*innen und Biograf*innen Frauen lediglich als unwichtige Nebenfiguren behandeln. Der dicke Wälzer über *ihn* enthält höchstens ein paar Abschnitte über *sie*. Warum hat man der Frau nicht mehr Interesse entgegengebracht?

Und warum wird das rücksichtslose Verhalten von Männern mit Euphemismen wie »Schürzenjäger«, »Casanova« und »Don Juan« umschrieben? Die Geschichte ist nämlich voll von männlichen Frohnaturen, die nun mal »eine Schwäche für Frauen« hatten. Denn so heißt es doch immer: Er kann ja nichts dafür, der Arme, bei Frauen wird er einfach schwach.

Es macht mich sauer, wie manche Männer uns ansehen, wenn sie glauben, wir bekämen es nicht mit. Wie sie über uns reden, wenn sie glauben, wir würden es nicht hören. Und ich bin stinksauer auf alle, die sich nicht die Bohne für die Rechtssicherheit von Frauen und zu milde Strafen für Sexualverbrecher interessieren, aber hitzige Facebook-Kommentare verfassen, wenn sich herausstellt, dass der Täter von einem anderen Kontinent stammt.

Es macht mich sauer, dass so wenige Männer zu meinen Vorträgen kommen – oder zu den Vorträgen anderer Frauen. Sobald es um Geschlechter und Gleichstellung geht, glänzen Männer meist mit Abwesenheit. Denn diese Themen werden als »Frauenthemen« aufgefasst. Es macht mich sauer, dass man sich so wenig für uns interessiert. Die

Geschichtslosigkeit macht mich sauer. Und die Tatsache, dass so gut wie nie Frauen zitiert oder zu Genies erklärt werden. Wenn auf dem Buchdeckel ein Frauenname steht oder der Film von Frauen handelt, wird etwas anderes bevorzugt, wieder und wieder. Das wissen wir.

Aber meistens schlucken wir unsere Wut einfach runter. Denn wenn wir wütend werden, schreibt man uns ab, erklärt uns für irrelevant. Wütende Frauen sind nun mal das Schlimmste, was Mann sich vorstellen kann.

»Es ist leider so: Manchmal hören dich die Leute erst, wenn du schreist.«

Stefanie Powers (*1942),
amerikanische Schauspielerin

In Gillian Flynns Roman *Gone Girl* aus dem Jahr 2012 hält die Hauptfigur Amy einen Monolog, der mittlerweile eine gewisse Berühmtheit erlangt hat. Die Passage handelt von einem Phänomen, das sehr treffend als »the Cool Girl« beschrieben wird: das coole Mädchen, von dem sämtliche Jungs und Männer träumen.

Ein solches Mädchen ist lässig und sportlich. Sie ist hübsch, ohne auch nur im Geringsten aufgetakelt zu sein. Nein, nein, so wacht sie morgens nämlich einfach auf. Sie trinkt Bier und isst Burger, ohne ein Gramm zuzunehmen. Tiefkühlpizza aus dem Karton serviert? Her damit! Am liebsten hängt sie mit Jungs ab, weil man mit denen viel mehr Spaß haben kann. Und sie steht auf Fußball! Oder auch Computerspiele. Und sie würde sich nie über die sexistische Darstellung von Frauen in den Spielen beschweren. Auch über Pornos regt sie sich nicht auf. Nein, diese Sorte Mädchen steht nämlich auf Sex, ganz unverbindlich.

Solche Frauen existieren natürlich nur in Männerfantasien. Aber Amy zufolge sind wir Frauen an der Aufrechterhaltung dieser Vorstellung beteiligt, da nicht wenige von uns versuchen, ihr zu entsprechen.

Bei genauerem Nachdenken wird bestimmt so manche zugeben müssen – nicht ohne eine gewisse Schamesröte natürlich –, dass sie selbst zu einem Zeitpunkt im Leben einmal die Rolle des »Cool Girl« gespielt hat. Das ist ja auch sehr verlockend. Und so leicht. Außerdem ist es schön, bei den Jungs beliebt zu sein, auf diese besondere Weise gemocht zu werden.

Ich persönlich erinnere mich zum Beispiel an eine kurze Phase während der Oberstufe, als ich mir einzureden versuchte, ich wäre Tottenham-Fan. Roger war nämlich einer. Ich durchforstete die Zeitung nach Fußballergebnissen, um herauszufinden, ob ich nach den Wochenendspielen sauer oder zufrieden sein musste.

Oder wer hat nicht auch schon mit einer Gruppe Jungs zusammengesessen und zugehört, wie über ein anderes Mädchen hergezogen wurde: Die ist zu streberhaft, zu anhänglich, zu dick oder zu überzeugt von irgendetwas. Eben nicht so *gechillt*. Und wir hielten uns da raus. Wir saßen einfach da, sagten keinen Mucks – und waren cool.

Wir alle wollen gemocht werden, das ist nur verständlich. Beim ersten Tinder-Date fängt man nicht unbedingt an, sich lang und breit über das Patriarchat auszulassen. Die meisten von uns verbergen hin und wieder gewisse Seiten an sich, entweder um zu flirten oder um sich am Arbeitsplatz besser einzufügen.

Die eigene Beliebtheit sollte uns aber nicht so wichtig sein, dass wir uns dafür selbst aufgeben. Dass wir uns dümmer machen, als wir sind, oder uns anderen Frauen gegenüber unsolidarisch verhalten. »Das coole Mädchen« ist eine passive Figur, sie wird nie gesellschaftliche Veränderungen herbeiführen

»Jungs, die nur mit ›coolen und total entspannten‹ Mädchen zusammen sein wollen, sollten sich in der Leichenhalle nach einem Date umschauen.«

Laurie Penny (*1986),
britische Autorin

Für jemanden aus Norwegen ist es natürlich leicht, andere zu mehr Mut, Wut und Entschlossenheit aufzufordern. In vielen Ländern der Welt kann Mut höchst riskant sein. Dafür gibt es immer wieder Beispiele. Aber in Ländern, in denen das einzige Risiko darin besteht, dass man sich unbeliebt macht, sollten wir als Feminist*innen ruhig in die Vollen gehen. Zumindest ab und zu mal. Sollen sie uns doch als »Rotstrumpf« abstempeln! Oder als »Feminazi«. Im Büro sind wir dann vielleicht nicht mehr »das coole Mädchen«, aber irgendwer muss ja mal den Mund aufmachen. Politikern gegenüber, dem Chef gegenüber und alten Klassenkameraden auf Facebook gegenüber: »So kannst du nicht über Frauen reden«, »Was Sie da sagen, ist rassistisch«,

»Warum sitzen eigentlich nur Männer im Vorstand?« Wieder und wieder müssen wir den Mund aufmachen.

Gesellschaftliche Normen haben es unter anderem an sich, dass sie nicht so leicht zu erkennen sind. Sie wurzeln so tief in unserer Kultur und in uns selbst, dass sie mehr oder weniger unsichtbar werden. In Norwegen finde ich mich zum Beispiel in aller Regelmäßigkeit auf Kulturveranstaltungen wieder, bei denen nur Weiße vertreten sind, und das fällt mir in dem Moment nicht einmal auf. Zu Podiumsdiskussionen und Konferenzen werden fast nur Hellhäutige eingeladen, die Models in den Magazinen sind hauptsächlich weiß, und so weiter. Da ist es nur gut, wenn uns mal jemand auf die Schulter tippt und auf das Offensichtliche hinweist.

Wenn also auf der Literaturliste für eure nächste Prüfung nur männliche Autoren stehen: Macht den Mund auf! Schreibt eine E-Mail, einen Tweet, greift zum Telefon.

Wird an eurem Arbeitsplatz erwartet, dass Frauen hohe Schuhe und enge Röcke tragen, während Männer in flachen Schuhen und bequemen Hosen herumlaufen können, macht den Mund auf!

Wenn der Modeladen im örtlichen Einkaufszentrum kleine Mädchen sexualisiert, sagt etwas!

Wenn euch jemand unerwünschter Weise Nahaufnahmen von erigierten Penissen schickt, sagt etwas!

Wenn sämtliche Statuen in eurer Stadt Männer darstellen, sagt etwas!

Wenn auf der Arbeit nur Männer im Chefsessel oder bei der Konferenz nur Weiße auf der Bühne sitzen, macht darauf aufmerksam!

Wieder und wieder.

Niemand kann die ganze Zeit über mutig sein, niemand kann ununterbrochen kämpfen. Aber manchmal spürt man einfach: Jetzt – genau jetzt – muss ich in die

Bresche springen. Jetzt muss ich mir den ganzen Mist geben und mich unter Umständen richtig unbeliebt machen. Denn dieses Thema brennt mir unter den Nägeln, das ist wichtig. Diesen Kampf trage ich aus.

Gleichstellung ist das Ziel. Feminismus ist der Weg.

»Eine andere Welt ist nicht einfach nur möglich – sie ist schon auf dem Weg. An stillen Tagen kann ich ihren Atem hören.«

Arundhati Roy (*1961),
indische Schriftstellerin

Bibliografie

Arruzza, Cinzia/Bhattacharya, Tithi/Fraser, Nancy: Feminismus für die 99%. Ein Manifest, Matthes & Seitz 2019

Ateş, Seyran: Der Islam braucht eine sexuelle Revolution. Eine Streitschrift, Ullstein 2009

Atwood, Margaret: Der Report der Magd, Claassen 1987

Adichie, Chimamanda Ngozi: We should all be feminists, Fourth Estate 2014

Beard, Mary: Frauen & Macht. Ein Manifest, S. Fischer 2018

Björk, Nina: Under det rosa teppet. Et blikk på 90-tallets feminisme [Unter dem rosa Teppich. Ein Blick auf den Feminismus der 90er Jahre], Gyldendal 1998

Bloom, Lisa: Think. Straight Talk for Women to Stay Smart in a Dumbed-Down World, Vanguard Press 2011

Brantenberg, Gerd: Die Töchter Egalias. Ein Roman über den Kampf der Geschlechter, Olle und Wolter 1980

Breen, Marta: Født feminist [Geborene Feministin], Gyldendal 2014

Breen, Marta: Om muser og menn [Von Musen und Männern], Spartacus Forlag 2019

Brøgger, Suzanne: Sondern erlöse uns von der Liebe. Stationen einer neuen Weiblichkeit, Econ 1978

Brochmann, Nina/Støkken Dahl, Ellen: Viva la Vagina! Alles über das weibliche Geschlecht, S. Fischer 2018

Danielsen/Larsen/Owesen: Norsk likestillingshistorie 1814–2013 [Geschichte der norwegischen Gleichstellung 1814-2013], Fagbokforlaget 2013

DiAngelo, Robin: White Fragility: Why It's So Hard for White People to Talk About Racism, Beacon Press 2018

Ekman, Kajsa Ekis: Ware Frau. Prostitution, Leihmutterschaft und der gespaltene Mensch, Orlanda 2016

Faludi, Susan: Backlash. Die Männer schlagen zurück, Rowohlt 1995

Greer, Germaine: Der weibliche Eunuch. Aufruf zur Befreiung der Frau, S. Fischer 1971

Gay, Roxane: Bad Feminist. Essays, btb 2019

Guåker, Helene: Farvel alle hemmeligheter [Lebt wohl, all ihr Geheimnisse], Aschehoug 2018

Helseth, Hannah: Generasjon Sex [Generation Sex], Manifest 2010

Herz, Nancy/Bile, Amina/Srour, Sofia Nesrine: Schamlos, Gabriel 2019

Holmberg, Carin: Det kallas manshat. En bok om feminism [Man nennt es Männerhass. Ein Buch über den Feminimus], Modernista 1996

Holst, Cathrine: Hva er feminisme [Was ist Feminismus], Universitetsforlaget 2009

Ibsen, Henrik: Nora oder Ein Puppenheim (1879)

Jong, Erica: Angst vorm Fliegen, Fischer-Taschenbuch-Verlag 1990

Jordahl, Jenny/Breen, Marta: Rebellische Frauen. 150 Jahre Kampf für Freiheit, Gleichheit, Schwesterlichkeit, Elisabeth Sandmann Verlag 2019

Kaluza, Susanne (Hrsg.): Abortkamp – maktkamp [Abtreibungskampf – Machtkampf], Res publica 2019
Khan, Mahmona / Khan-Østrem, Nazneen (Hrsg.): Utilslørt - muslimske råtekster [Unverschleiert – Muslimische Entwürfe], Aschehoug 2011
Kristof, Nicholas D./WuDunn, Sheryl: Die Hälfte des Himmels. Wie Frauen weltweit für eine bessere Zukunft kämpfen, C.H. Beck 2010
Mill, John Stuart: Die Hörigkeit der Frau (1869)
Moran, Caitlin: How to Be a Woman. Wie ich lernte eine Frau zu sein, Ullstein 2012
Moi, Toril: What Is a Woman? And Other Essays, Oxford University Press 1999
Pickett, Kate/Wilkinson, Richard: Gleichheit ist Glück. Warum gerechte Gesellschaften für alle besser sind, Tolkemitt bei Zweitausendeins 2009
Power, Nina: Die eindimensionale Frau, Merve-Verlag 2011
Regeringskansliet - Utrikesdepartementet: Handbok - Sveriges feministiska utrikespolitik [Handbuch – Schwedens feministische Außenpolitik], https://www.regeringen.se/4a7811/contentassets/25cdff346017489ca22b-d55e74de22c4/handbok-i-den-feministiska-utrikespolitiken, 2018
Ravatn, Agnes et. al.: Mensen [Die Mens], Gyldendal 2016
Schultz, Madeleine/Jordahl, Jenny/Breen, Marta: F-ordet. 155 grunner til å være feminist [Das F-Wort. 155 Gründe, Feminist*in zu sein], Manifest 2014
Skugge, Linda/Olsson, Belinda (Hrsg.): Fittstim [Fotzenschwarm], Egmont 1999
Sletteland, Anja/Helseth, Hannah: Det jeg skulle sagt. Håndbok mot seksuell trakassering [Was ich noch sagen wollte. Handbuch gegen sexuelle Belästigung], Manifest 2018
Solnit, Rebecca: Die Mutter aller Fragen, Tempo 2017
Solnit, Rebecca: Wenn Männer mir die Welt erklären, Hoffmann und Campe 2015
Sveland, Maria: Hatet. En bok om antifeminism [Der Hass. Ein Buch über den Antifeminismus], Leopard förlag 2013
Solheim, Hilde Charlotte/Vaagland, Helle (Hrsg.): Råtekst [Entwurf], Aschehoug 1999
Stalsberg, Linn: Er jeg fri nå? [Bin ich jetzt frei?], Aschehoug 2013
Strömquist, Liv: Der Ursprung der Welt, avant-verlag 2017
Tikkanen, Märta: Die Liebesgeschichte des Jahrhunderts, Rowohlt 1981
Tolokonnikowa, Nadja: Anleitung für eine Revolution, Hanser Berlin 2016
Wennstam, Katarina: Flickan och skammen [Das Mädchen und die Scham], Albert Bonniers Förlag 2016
Wolf, Naomi: Der Mythos Schönheit, Rowohlt 1991
Woolf, Virginia: Ein eigenes Zimmer, Reclam 1989
Åkestam, Nina: Feministfällan [Die Feministenfalle], Mondial 2018
Ås, Berit: Kvinner i alle land – håndbok i frigjøring [Frauen aller Länder – Handbuch der Befreiung], Aschehoug 1981

Der Inhalt stammt zum Teil aus Marta Breens früheren Büchern Født Feminist [Geborene Feministin] (2014), F-ordet [Das F-Wort] (2014) und Om muser og menn [Von Musen und Männern] (2019).